MATURIDADE

Osho

MATURIDADE

A Responsabilidade de Ser Você Mesmo

Tradução
ALÍPIO CORREIA DE FRANCA NETO

Editora
Cultrix
SÃO PAULO

Título do original: *Maturity – The Responsibility of Being Oneself.*

Copyright © 1999 Osho International Foundation.

Copyright da edição brasileira © 2001 Editora Pensamento-Cultrix Ltda.

1ª edição 2001 (catalogação na fonte, em 2012, da 7ª reimpressão da 1ª edição).
12ª reimpressão 2018.

Todos os direitos reservados. Nenhuma parte deste livro pode ser reproduzida ou usada de qualquer forma ou por qualquer meio, eletrônico ou mecânico, inclusive fotocópias, gravações ou sistema de armazenamento em banco de dados, sem permissão por escrito, exceto nos casos de trechos curtos citados em resenhas críticas ou artigos de revistas.

Publicado mediante acordo com Osho International Foundation, Bahnhofstr. 52, 8001 Zurique, Suíça.
Www.osho.com

Capa: "Osho Signature Art" – Arte da capa de Osho.

OSHO é uma marca registrada da Osho International Foundation, usada com a devida permissão e licença.

Quaisquer fotos, imagens ou arte final de Osho, pertencentes à Osho International Foundation ou vinculadas a ela por copyright e fornecidas aos editores pela OIF, precisam de autorização da Osho International Foundation para seu uso.

Dados Internacionais de Catalogação na Publicação (CIP)
(Câmara Brasileira do Livro, SP, Brasil)

Osho, 1931-1990.
  Maturidade : a responsabilidade de ser você mesmo / Osho ; tradução Alípio Correia de Franca Neto. -- São Paulo : Cultrix, 2012.

  Título original : Maturity : the responsability of being oneself
  7ª reimpr. da 1ª ed. de 2001
  ISBN 978-85-316-0690-8

  1. Autorrealização - Aspectos religiosos 2. Maturação (Psicologia) - Aspectos religiosos 3. Maturidade 4. Vida espiritual I. Título.

12-01146   CDD-299.93

Índices para catálogo sistemático:
1. Osho : Ensinamentos : Religiões de natureza universal 299.93

Direitos de tradução para o Brasil adquiridos com exclusividade pela
EDITORA PENSAMENTO-CULTRIX LTDA.
Rua Dr. Mário Vicente, 368 – 04270-000 – São Paulo, SP
Fone: (11) 2066-9000 – Fax: (11) 2066-9008
E-mail: atendimento@editoracultrix.com.br
http://www.editoracultrix.com.br
que se reserva a propriedade literária desta tradução.
Foi feito o depósito legal.

Impressão e acabamento: *Orgrafic Gráfica e Editora*

Sumário

PREFÁCIO 7
A Arte de Viver

DEFINIÇÕES 21
   Da Ignorância à Inocência 21
   Maturidade e Envelhecimento 25
   Maturidade do Espírito 34

OS CICLOS DE SETE ANOS DE VIDA 41

A RELAÇÃO MADURA 65
   Dependência, Independência, Interdependência 65
   Necessitar e Doar, Amar e Ter 66
   Amor e Matrimônio 76
   Os Pais e os Filhos 81
   Amor + Consciência = Ser 91

NA ENCRUZILHADA 98
   Quando a Eternidade Impregna o Tempo 98
   As Leis do Envelhecimento 110

SINTOMAS 120
- O Estranho na Sala de Visita 120
- Menopausa – Isso Não É Só "Coisa de Menina" 123
- O Velho Sujo 126
- Amargura 129

TRANSIÇÕES 132
- Do Não para o Sim 132
- Integração e Concentração 135
- Quando Nascimento e Morte se Tornam uma Coisa Só 145
- Desistindo do Jogo 153

QUEBRA-CABEÇAS 156
- Homicídio Justicável 156
- Vida sem Atitude 161
- Do Sexo à Sensualidade 176

UMA JORNADA CONTÍNUA 183

SOBRE **OSHO** 190

OSHO INTERNATIONAL MEDITATION RESORT 191

Prefácio

A Arte de Viver

O homem nasce para levar a efeito a vida, mas tudo depende dele, que pode deixar que ela escape. O homem pode seguir em frente respirando, comendo, envelhecendo; pode prosseguir rumo ao túmulo – mas isso não é vida, isso é morte gradual. Do berço ao túmulo... uma morte gradual de em média setenta anos. E pelo fato de milhões de pessoas em torno de você estarem morrendo nessa morte gradual e lenta, você também começa a imitá-los. As crianças aprendem tudo de quantos as rodeiam, e estamos cercados de mortos.

Assim, primeiro é preciso que compreendamos o que entendo por "vida". Ela não deve ser tão-só envelhecer, deve ser crescer. E essas são duas coisas diferentes.

Envelhecer, qualquer animal é capaz disso. Crescer é prerrogativa dos seres humanos.

Só alguns reivindicam esse direito.

Crescer significa adentrar cada vez mais o princípio da vida; significa distanciar-se da morte, não seguir rumo a ela. Mais fundo se mergulha na vida, mais se compreende a imortalidade em si mesmo. Nesses casos, você se afasta da morte; chega um momento em que você pode perceber que a morte não é senão mudar de roupa, de casa, de formas – nada morre, nada *pode* morrer.

A morte é a maior ilusão que existe.

Para crescer, basta que se observe uma árvore. À medida que esta se desenvolve, suas raízes se estendem mais fundo. Há um equilíbrio – quanto mais alta a árvore, mais fundas as raízes. Você não pode ter uma árvore de cinqüenta metros com raízes curtas; estas não suportariam uma árvore tão grande.

Na vida, crescer significa mergulhar fundo em você mesmo – que é onde estão as suas raízes.

Para mim, o princípio fundamental da vida é a meditação. Tudo o mais vem em segundo plano. E a infância é a melhor época. À medida que você envelhece, isso significa que você está se aproximando da morte, e se torna cada vez mais difícil entrar em meditação.

Meditação significa penetrar a sua imortalidade, a sua eternidade, a sua condição divina. E a criança é a pessoa mais qualificada porque ela ainda não está sobrecarregada de conhecimento, de toda sorte de coisas sem valor. Ela é inocente.

Maturidade é o mesmo que inocência, com uma diferença apenas: trata-se de inocência reivindicada, inocência resgatada.

Infelizmente, porém, sua inocência é condenada como sendo ignorância. Esta e a inocência apresentam uma semelhança, mas não são a mesma coisa. A ignorância também é um estado que envolve não conhecer, assim como a inocência – mas aqui também há uma grande diferença, a que a humanidade não deu a devida atenção até agora. A inocência não é "culta", contudo, ela tampouco é desejosa de sê-lo. Ela está satisfeita e feliz por inteiro.

Uma criancinha não tem ambições, não tem desejos. Acha-se por demais absorvida no momento – um pássaro voando prende-lhe a atenção; basta uma borboleta de cores vistosas para que a criança fique encantada; o arco-íris no céu dá-lhe a impressão de que não há sobre a Terra algo que seja mais pleno de sentido e valioso. E a noite cheia de estrelas, estrelas além de estrelas...

A inocência é rica, plena, pura.

A ignorância é pobre, é mendiga – quer isso, quer aquilo, quer ser "culta", quer ser respeitada, abastada, poderosa. A ignorância trilha a senda do desejo. A inocência é o estado da ausência do desejo; porém, pelo fato de ambas não terem conhecimento, permanecemos confusos acerca de sua natureza. Temos para nós que ambas são a mesma coisa.

O primeiro passo na arte de viver será entender a distinção entre ignorância e inocência. Esta tem de ser apoiada, protegida – porque a criança traz com ela o maior tesouro, o tesouro que os sábios só encontram depois de esforços imensos. Os sábios dizem que se tornam crianças de novo, que renascem. Na Índia, o verdadeiro Brahman, o verdadeiro conhecedor, chamou-se a si mesmo *dwij*, duas vezes nascido. Por que duas vezes nascido? O que houve com o primeiro nascimento? Qual é a necessidade do segundo nascimento? E o que ele ganhará no segundo nascimento?

A maturidade é um renascimento, um renascimento espiritual. Você nasce novamente, é de novo uma criança. Com olhos jovens, você começa a olhar para a existência. Com amor no coração, tem a experiência da vida.

Com silêncio e inocência, penetra o mais íntimo do ser.

No segundo nascimento, ele ganhará o que estava disponível no primeiro nascimento, mas a sociedade, os pais, as pessoas à volta dele aniquilaram o que estava disponível, destruíram-no. Cada criança está sendo cheia de conhecimento. De alguma forma, sua simplicidade tem de ser eliminada, porque ela não vai ajudá-la no mundo da competição. Sua simplicidade dará ao mundo a impressão de que quem a detém é uma pessoa simplória; sua inocência será explorada de todos os modos possíveis. Com medo da sociedade, com medo do mundo que nós mesmos criamos, tentamos fazer de cada criança alguém inteligente, perspicaz, culto – fazer que se enquadre na categoria dos poderosos, não na categoria dos oprimidos e desprovidos de força.

E, uma vez que a criança começa a se desenvolver na direção errada, ela prossegue seguindo esse caminho – toda a sua vida transcorre nessa direção.

Toda vez que você percebe que deixou de aproveitar a vida, o primeiro princípio a ser recuperado é a inocência. Deixe de lado o conhecimento, esqueça as suas Escrituras, esqueça a sua religião, a sua teologia, a sua filosofia. Procure renascer, resgate a inocência – e ela estará nas suas mãos. Purifique a mente de tudo o que você sabe, de tudo o que for tomado de empréstimo, de tudo o que advém da tradição, das convenções. Tudo o que lhe foi dado pelos outros – pais, mestres e universidades –, simplesmente livre-se disso. Seja de novo alguém simples, seja de novo uma criança. E esse milagre é possível pela meditação.

A meditação é simplesmente um método cirúrgico estranho, que o separa de tudo o que não é seu e salva apenas aquilo que é o seu ser autêntico. Ela queima tudo o mais e o deixa nu, sozinho sob o sol, ao vento. É como se você fosse o primeiro homem a descer na Terra – um homem que nada sabe, que tem de descobrir tudo, que tem de ser um buscador, que tem de prosseguir em peregrinação.

O segundo princípio é a peregrinação. A vida deve ser uma busca – não um desejo mas um exame; não uma ambição de se tornar isso ou aquilo, presidente de um país ou primeiro-ministro, mas a busca para descobrir "Quem sou eu?"

Prefácio

É bem estranho que as pessoas que ignoram quem são estejam tentando se tornar alguém. Essas pessoas nem sequer sabem quem são neste exato momento. Não têm familiaridade com o seu ser – mas têm o objetivo de vir a ser.

Vir a ser é a enfermidade da alma.

Ser é você.

E descobrir o seu ser é o começo da vida. Assim, cada momento é uma nova descoberta, cada momento traz uma nova alegria. Um novo mistério descerra suas portas, um novo amor começa a crescer em você, uma nova compaixão nunca sentida antes, uma nova sensibilidade acerca da beleza, da bondade. Você se torna tão sensível, que até a minúscula folha de grama assume grande importância para você. Sua sensibilidade torna claro que essa folhinha de grama é tão importante para a vida quanto o maior dos astros; sem ela, a existência seria menos do que é. Essa folha de grama é única, insubstituível, tem sua própria individualidade.

> Envelhecer, disso qualquer animal é capaz. Crescer é prerrogativa dos seres humanos. Só alguns reivindicam esse direito.

E essa sensibilidade criará novas amizades para você – a amizade com as árvores, as aves, os animais, as montanhas, os rios, os oceanos, as estrelas. A vida se torna mais rica enquanto o amor se desenvolve, enquanto a amabilidade cresce.

Na vida de São Francisco, há um acontecimento maravilhoso. Ele está morrendo. Sempre viajou montado num burro de um lugar a outro, partilhando suas experiências. Todos os seus discípulos estão reunidos para ouvir suas derradeiras palavras. As últimas palavras de um homem sempre são as mais significativas que ele disse, porque contêm toda a experiência de sua vida.

Mas o que os discípulos ouviram, nisso eles não podiam acreditar.

São Francisco não se voltou para os discípulos, mas para o burro. Ele disse, "Irmão, tenho uma grande dívida para com você. Você me carregou de um canto a outro sem nunca se queixar, sem nunca resmungar. Antes que eu deixe este mundo, tudo o que eu quero é o seu perdão; eu não fui humano com você". Essas foram as últimas palavras de São Francisco. Uma grande sensibilidade por ter dito ao burro "Irmão burro...", e pedir perdão.

À medida que você se torna mais sensível, a vida fica maior. Não se trata de um pequeno lago; ela se torna oceânica. Não está limitada a você, nem à sua mulher, nem aos seus filhos – não está de modo nenhum limitada. Toda essa existência se torna sua família e, a não ser que toda a existência seja a sua família, você não teve conhecimento do que é a vida – porque nenhum homem é uma ilha, e todos estamos unidos.

Somos um vasto continente, ligado por milhões de caminhos.

E se o nosso coração não estiver cheio de amor pelo todo, nessa mesma proporção nossa vida se reduzirá.

A meditação dar-lhe-á a sensibilidade, uma grande sensação de pertença para com o mundo. Trata-se do nosso mundo – as estrelas são nossas, e não somos estranhos aqui. Pertencemos intrinsecamente à existência. Fazemos parte dela, somos o *coração* dela.

Em segundo lugar, a meditação dar-lhe-á um grande silêncio – porque todo conhecimento inútil se foi. Os pensamentos que fazem parte do conhecimento também se foram... Um silêncio imenso, e você fica surpreso: esse silêncio é a única música que existe.

Toda música é uma tentativa de pôr em manifestação esse silêncio de alguma forma. Os videntes do antigo Oriente foram muito enfáticos sobre a questão de que todas as grandes artes – música, poesia, dança, pintura e escultura – nasceram da meditação. Essas artes são uma tentativa de levar de algum modo o desconhecido para o mundo do conhecido, a quantos não estão prontos para a peregrinação – são elas dádivas aos que não estão preparados para começar a peregrinação. É possível que uma canção possa despertar certo desejo de sair à procura da fonte, talvez uma estátua.

Na próxima vez que você entrar num templo de Gautama Buda, apenas sente-se em silêncio, observe a estátua. Pelo fato de a estátua ter sido feita dessa forma, e com tais proporções, se você olhá-la, ficará em silêncio. Trata-se de uma estátua de meditação; ela não está envolvida com Gautama Buda.

Eis por que todas essas estátuas se parecem – Mahavira, Gautama Buda, Neminatha, Adinatha... Os 24 tirthankaras dos jainas... no mesmo templo, você encontrará 24 estátuas idênticas, exatamente idênticas. Na minha infância, eu costumava perguntar a meu pai, "Pode me explicar como é possível que 24 pessoas sejam idênticas – o mesmo tamanho, o mesmo nariz, o mesmo rosto, o mesmo corpo...?"

E ele costumava dizer, "Não sei. Estou sempre confuso pelo fato de não haver nenhuma diferença. E quase nunca se ouviu falar disso – não há duas pessoas em todo o mundo que sejam idênticas; o que dizer de 24 pessoas?"

> A vida deve ser uma busca – não um desejo, mas uma busca; não uma ambição quanto a se tornar isto, aquilo, presidente de um país ou primeiro-ministro, mas uma busca para descobrir "Quem sou eu?".

À proporção que minha meditação florescia, porém, descobri a resposta – não de outra pessoa, descobri-a no fato de essas estátuas não terem nada que ver com as pessoas. Essas estátuas têm algo que ver com o que estava acontecendo dentro daquelas 24 pessoas, e esse acontecimento era exatamente o mesmo. Nós não nos perturbamos acerca do exterior; insistimos que só ao interior se deve prestar atenção. O exterior não importa. Alguém é jovem, alguém é velho, preto, branco, homem, mulher – isso não importa; o que vale é que dentro há um oceano de silêncio. Nesse estado oceânico, o corpo assume certa postura.

Você observou isso em si mesmo, mas não esteve atento. Quando você fica nervoso – percebe isso? – seu corpo assume determinada postura. Na raiva, você não consegue ficar com as mãos abertas; com raiva, cerra os punhos. Sentindo raiva, você não consegue sorrir – ou consegue? Com determinada emoção, o corpo tem de seguir determinada postura.

Dessa forma, essas estátuas são feitas de modo tal que, se você simplesmente se senta em silêncio e observa, fechando então os olhos, uma imagem negativa e de sombra penetra-lhe o corpo e você começa a sentir algo que jamais sentiu. As estátuas e templos não foram construídos para a adoração; foram construídos para a experiência. São laboratórios científicos. Nada têm que ver com a religião! Certa ciência secreta foi usada por séculos a fim de que as gerações vindouras pudessem entrar em contato com as experiências das gerações mais velhas. Não por meio de livros ou de palavras, mas por meio de algo que vai mais fundo – por meio do silêncio, da meditação e da paz.

À proporção que seu silêncio aumenta, sua amabilidade, seu amor aumentam; sua vida se torna uma dança de momento a momento, uma alegria, uma celebração.

Já pensou sobre o motivo por que, em todo o mundo, em cada cultura, em cada sociedade, alguns dias no ano são reservados para celebração? Esses poucos dias são apenas uma compensação – porque essas sociedades suprimiram toda a celebração e, se nada lhe for dado em compensação, sua vida pode se tornar um perigo para a cultura.

Toda cultura tem que lhe dar alguma compensação para que você não se sinta de todo perdido na sua infelicidade e tristeza; mas essas compensações são falsas.

Prefácio

Fogos e luzes coloridas não podem fazer com que você se alegre. Essas coisas são apenas para crianças – para você, essas coisas são apenas amolação; porém, no seu mundo interior, pode haver uma série de luzes, canções e alegrias.

Sempre se lembre de que a sociedade o compensa quando tem a impressão de que o reprimido pode degenerar numa situação perigosa se não recebe compensação. A sociedade encontra alguma forma de fazer com que você libere o reprimido – mas isso não é verdadeira celebração, e não pode ser verdade.

A verdadeira celebração deveria vir da vida, originar-se da sua vida.

E a verdadeira celebração não pode estar de acordo com o calendário, em cujo primeiro de novembro você fará uma celebração. É estranho: durante todo o ano você é infeliz, e no dia primeiro de novembro você de repente deixa de lado a infelicidade, e dança... Ou a infelicidade era falsa, ou é falso o primeiro de novembro; ambas as coisas não podem ser verdadeiras. E uma vez que o primeiro de novembro se vai, você volta para a sua toca escura. Todo mundo volta para a sua infelicidade e ansiedade.

A vida deve ser uma celebração contínua, um festival de luzes todo o ano. Só então você pode crescer, pode florescer.

Transforme as coisas pequeninas em celebração.

Por exemplo, no Japão eles têm uma cerimônia do chá. Em todo mosteiro zen e na casa das pessoas que têm condições para tanto, eles possuem um pequeno templo para tomar chá. Ora, lá o chá não é mais uma coisa comum, profana; as pessoas o transformaram numa celebração. O templo para tomar chá é construído de certa forma – num belo jardim, com um belo tanque, cisnes no tanque, flores ao redor. Os convidados chegam e são obrigados a deixar os sapatos do lado de fora; trata-se de um templo. E quando você entra nele, não pode falar; tem de deixar do lado de fora os pensamentos e as palavras juntamente com os sapatos. Você se senta numa postura de meditação e a anfitriã, a mulher que lhe prepara o chá – seus movimentos são muito graciosos, como se ela estivesse dançando, movendo-se ao redor enquanto prepara o chá, pondo xícaras e pires à sua frente como se fossem deuses. Com respeito a isso... ela se curva, e você recebe as coisas com o mesmo respeito.

O chá é preparado num samovar especial, que produz sons delicados, música. E faz parte da cerimônia do chá o fato de todos ouvirem primeiro a música do chá. Assim, todos estão em silêncio, ouvindo... os pássaros pipilando do lado de fora no jardim e o samovar... o chá está criando sua própria canção. A paz perpassa o ambiente...

Quando o chá está pronto e é entornado na xícara de alguém, você não está apenas prestes a bebê-lo do modo como as pessoas fazem em toda parte. Primeiro, você sente o aroma do chá. Você beberica o chá como se ele tivesse vindo do além, você aproveita o tempo – não há pressa. Alguém pode começar tocando flauta ou cítara. Uma coisa comum – apenas o chá – e eles fizeram dela uma bela comemoração religiosa. Todos saem dali revigorados, renovados, se sentindo mais jovens, com nova seiva.

E o que é feito com o chá pode ser feito com tudo o mais – com suas roupas, sua alimentação. As pessoas vivem quase dormindo; de outra forma, todo tecido, toda roupa tem sua própria beleza, sua própria textura. Quando você é sensível, a roupa não serve apenas para cobrir-lhe o corpo; ela é algo que expressa a sua individualidade, algo que expressa o seu gosto, a sua cultura, o seu ser. Tudo o que você faz deveria ser uma expressão de você mesmo; deveria ter a sua assinatura. Assim, a vida se tornaria uma celebração contínua.

Mesmo que você caia doente e fique de cama, você fará desses momentos na cama instantes de beleza e alegria, de relaxamento e repouso, de meditação; momentos para ouvir música ou ler poesia. Não é preciso ficar triste por estar doente. Você deveria estar feliz pelo fato de que todo mundo está no escritório e você está na sua cama como um rei, relaxando – alguém está preparando o chá para você, o samovar está cantando uma canção, um amigo se ofereceu para vir e tocar flauta para você...

Essas coisas são mais importantes do que qualquer remédio. Quando estiver doente, chame um médico. Porém, é mais importante que você chame os que ama porque não há remédio mais eficaz do que o amor. Chame os que podem criar a beleza, a música e a poesia ao seu redor, visto que nada há que cure mais do que o espírito que celebra. Os remédios são a forma inferior de tratamento – mas parece que esquecemos tudo, de forma que temos de depender dos remédios e ser amargurados e tristes – como se estivéssemos perdendo a grande alegria que teríamos no escritório! Ali, fomos infelizes – e, com um dia livre, você já se apega à infelicidade, também – não deixa que ela se vá.

Imprima criatividade em tudo, tire o melhor do pior – eis o que chamo a arte de viver. E se um homem viveu toda a sua vida tornando cada momento e cada fase da vida uma forma de beleza, de amor, de alegria, naturalmente sua morte será o pico máximo de todo o empenho da sua vida. A última prova... sua morte não será tão feia quanto é habitualmente para todos.

Se a morte for "feia", isso significará que toda a vida foi um desperdício. A morte deveria ser uma aceitação pacífica. Uma entrada delicada no desconhecido, um adeus jubiloso a velhos amigos, ao mundo. Não deveria haver nenhuma tragédia nela.

Um mestre zen, Lin Chi, estava morrendo. Milhares de discípulos seus haviam-se juntado para ouvir seu último sermão, mas Lin Chi simplesmente estava deitado – jovial, sorrindo, sem dizer uma única palavra.

Vendo que ele ia morrer e que não estava dizendo uma única palavra, alguém lembrou a Lin Chi – um velho amigo, mestre por seus próprios méritos; ele não era um discípulo de Lin Chi; eis por que ele pôde dizer – "Lin Chi, você esqueceu que tem de dizer suas últimas palavras? Eu sempre disse que sua memória não é boa. Você está morrendo... você esqueceu?"

Lin Chi disse, "Ouçam..." No telhado, dois esquilos estavam correndo, aos gritos. Ele disse, "Que bonito", e morreu.

Por um momento, quando disse "Ouçam", houve silêncio absoluto. Todo mundo pensou que ele fosse dizer algo grandioso, mas só havia dois esquilos lutando, guinchando, correndo no telhado... E ele sorriu e morreu. Mas ele transmitiu a sua última mensagem: não torne as coisas pequenas nem grandes, nem triviais nem importantes. Tudo é importante. Nesse momento, a morte de Lin Chi é tão importante quanto os dois esquilos correndo no telhado, não há nenhuma diferença. Na existência tudo é o mesmo. Essa era toda a filosofia dele, a doutrina de toda a sua vida – a de que não há nada grande nem pequeno; tudo depende de você, do que você compreendeu disso.

Comece com a meditação, e as coisas vão continuar se desenvolvendo em você – silêncio, serenidade, beatitude, sensibilidade. E tudo o que vier da meditação, tente fazer uso disso na vida. Partilhe-o, porque tudo o que é partilhado cresce rápido. E quando você chegar no momento da morte, saberá que não há morte nenhuma. Você poderá dizer adeus, não haverá nenhuma necessidade de lágrimas de tristeza – talvez lágrimas de alegria, mas não de tristeza.

Mas você tem de começar por ser inocente.

Assim, primeiro se desfaça de todo fardo que você está carregando – e todos carregam tantos fardos! Alguém pergunta, para quê? Só porque as pessoas têm lhe falado que essas são grandes idéias, princípios... Você não foi inteligente com você mesmo. Seja inteligente com você mesmo.

A vida é muito simples, é uma dança animada. E a Terra inteira pode estar cheia de alegria e dança, mas há pessoas muito interessadas em que os outros não desfrutem a vida, em que ninguém sorria, ninguém ria, em que a vida seja considerada um pecado, um castigo. Como você pode desfrutar a vida quando o clima é tal, quando lhe foi dito continuamente que ela é um castigo, que você está sofrendo porque você fez coisas erradas, e que ela é um tipo de prisão aonde você foi lançado para sofrer?

Eu afirmo a você que a vida não é uma prisão, não é um castigo. É uma recompensa, que só é dada aos que a ganharam, aos que a mereceram. Agora é seu direito usufruí-la; será um pecado se você *não* a desfrutar. Será contrário à existência não torná-la bela, deixá-la como a encontrou. Não, torne-a um pouco mais feliz, um pouco mais bonita, um pouco mais perfumada.

Ouça o seu ser. Ele está lhe dando continuamente sugestões; é ainda uma vozinha serena. Não grita para você, isso é verdade. E se você estiver meio calado, começará a se sentir desse modo. Seja quem você é. Nunca tente ser outro, e você ficará maduro. Maturidade é aceitar a responsabilidade de ser você mesmo, a qualquer preço. Arriscar tudo para ser você mesmo – isso é o que é a maturidade.

DEFINIÇÕES

DA IGNORÂNCIA À INOCÊNCIA

Maturidade é o mesmo que inocência, com uma diferença apenas: trata-se de inocência reivindicada, inocência resgatada. Toda criança nasce inocente, mas toda sociedade a corrompe. Toda sociedade, até agora, exerceu uma influência corruptora sobre as crianças. Todas as culturas dependeram da exploração da inocência da criança, de explorar a criança, de torná-la um escravo, de condicioná-la a seus propósitos, seus fins – políticos, sociais, ideológicos. Todo o seu esforço foi despendido em recrutar a criança como um escravo para algum propósito. Esses propósitos são decididos pelos interesses adquiridos. Os padres e os políticos envolveram-se numa conspiração profunda e têm trabalhado juntos nisso.

No momento em que a criança começa a se tornar parte da nossa sociedade, ela começa a perder algo imensamente valioso; ela começa a perder o contato com Deus. Torna-se cada vez mais afastada dele em seus pensamentos, esquece tudo acerca do coração – e o coração é a ponte que conduz ao ser. Sem ele, você não pode alcançar o seu próprio ser – é impossível. Não há nenhum caminho que parta da cabeça e conduza diretamente ao ser; é preciso seguir a via do coração, e todas as sociedades são destrutivas para o coração. Elas são contra o amor, contra os sentimentos; condenam os sentimentos como sendo sentimentalismo. Elas condenaram todos os amantes eras a fio pelo simples fato de que o amor não pertence à cabeça, mas ao coração. Um homem que é capaz de amar descobrirá seu ser cedo ou tarde – e, quando uma pessoa descobre o próprio ser, ela se liberta de todas as estruturas, de todos os padrões. Ela se liberta de toda a escravidão. É pura liberdade.

Toda criança nasce inocente, mas toda criança é instruída pela sociedade. Daí existirem escolas, faculdades, universidades; a função delas é destruir, corromper.

> Não há nenhum caminho que parta da cabeça e conduza diretamente ao ser; é preciso seguir a via do coração – e todas as sociedades são nocivas ao coração.

Maturidade significa resgatar sua inocência perdida, reivindicar seu paraíso, tornar-se uma criança novamente. Claro que há uma diferença – a criança comum está destinada a ser corrompida, mas, quando você recupera sua infância, você se torna incorruptível. Ninguém o pode corromper, você se torna inteligente o bastante – agora, sabe o que a sociedade lhe fez, e você está alerta e atento, não permitirá que isso aconteça novamente.

A maturidade é um renascimento, um nascimento espiritual. Você nasce novamente, é novamente uma criança. Com olhos inocentes, você começa a olhar a existência. Com carinho no coração, você se aproxima da vida. Com silêncio e inocência, você penetra o mais íntimo do ser. Você não é mais apenas "cabeça". Agora você a usa, mas ela é sua serva. Primeiro você se torna o coração, e, então, você até mesmo o transcende.

Ir além de pensamentos e sentimentos e se tornar simplesmente uma "esseidade" são coisas da maturidade. Maturidade é o florescimento máximo da meditação.

Definições

Jesus disse, "A menos que você nasça novamente, você não entrará no reino de Deus". Ele tem razão, você tem que nascer novamente.

Uma vez Jesus estava num mercado e alguém perguntou, "Quem é merecedor de entrar no seu reino de Deus?" Ele olhou ao redor. Havia um rabino, e este deve ter dado um passo à frente, pensando que seria escolhido – mas não foi. Havia o homem mais virtuoso da cidade – um moralista, um puritano. Ele deu um passo à frente, esperando que fosse escolhido, mas não foi. Jesus olhou ao redor – viu uma criança pequena que não estava pensando em ser escolhida, que não tinha arredado pé do lugar em que estava. Ninguém supunha que ela fosse escolhida. Ela estava apenas apreciando toda a cena – a multidão e Jesus e pessoas falando, enquanto ela estava escutando. Jesus chamou a criança, tomou-a nos braços e disse à multidão, "Aqueles que são como esta criança pequenina, esses são os únicos merecedores de entrar no reino de Deus".

Mas, lembre, ele disse, "Esses que são *como* as criancinhas..." Ele não disse, "Esses que são criancinhas". Há uma grande diferença entre as duas frases. Ele não disse, "Essa criança entrará no reino de Deus", porque toda criança está destinada a ser corrompida, tem de desgarrar-se. Todo Adão e toda Eva estão destinados a ser expulsos do jardim do Éden, têm de perder-se. Esse é o único modo de recuperar a verdadeira infância: primeiro você tem de perdê-la. É muito estranho, mas eis como é a vida. É bem pa-

>
> Maturidade significa resgatar a inocência perdida, reivindicar seu paraíso, tornar-se uma criança novamente. Claro que há uma diferença – a criança comum está destinada a ser corrompida, mas, quando você recupera a sua infância, você se torna incorruptível.

radoxal, mas a vida é um paradoxo. Para conhecer a real beleza de sua infância, você tem de, primeiro, perdê-la; caso contrário, você nunca a conhecerá.

O peixe nunca sabe onde o oceano está – a menos que você o tire do oceano e lance-o na areia, no sol ardente; então ele sabe onde o oceano está. Agora ele almeja o oceano, faz todo o esforço para voltar ao oceano, se lança a ele. Ele é o mesmo peixe e, no entanto, não é o mesmo. É o mesmo oceano, contudo não é o mesmo oceano, porque o peixe aprendeu uma lição nova. Agora ele está atento, agora sabe, "Este é o oceano e esta é minha vida. Sem isso, não sou nada mais – eu sou parte disso".

> Todo Adão e toda Eva estão destinados a ser expulsos do jardim do Éden, têm de perder-se. Esse é o único modo de recuperar a verdadeira infância; primeiro, você tem de perdê-la.

Toda criança tem de perder a inocência e recuperá-la. A perda é só metade do processo – muitos a perdem, mas poucos a recuperam. Isso é algo triste, muito triste. Todos a perdem, mas só de vez em quando um Buda, um Zaratustra, um Krishna, um Jesus a resgatam. Jesus não é outro senão Adão que volta. Madalena não é senão Eva que retorna. Eles saíram do mar e viram a infelicidade e a estupidez. Viram que não há felicidade fora do oceano.

No momento em que você se dá conta de que fazer parte de qualquer sociedade, qualquer religião, qualquer cultura é continuar a ser infeliz, um prisioneiro – nesse momento você começa a se livrar de suas cadeias. A maturidade está a caminho, você está reconquistando sua inocência.

MATURIDADE E ENVELHECIMENTO

Há uma grande diferença entre maturidade e envelhecimento, uma diferença ampla, e as pessoas continuam confusas sobre isso. Elas pensam que envelhecer é se tornar maduro – mas envelhecer pertence ao corpo. Todo mundo está envelhecendo, todo mundo ficará velho, mas não necessariamente maduro. A maturidade é um crescimento interior.

Envelhecer não é nada que você faça; envelhecer é algo que acontece fisicamente. Toda criança nascida, com o passar do tempo, envelhece. A maturidade é algo que você traz para a sua vida – ela vem da consciência. Quando uma pessoa envelhece com total consciência, ela se torna madura. Envelhecer + consciência, experiência + consciência, isso é maturidade.

Você pode ter a experiência de algo de dois modos. Você pode experienciar isso simplesmente como que hipnotizado, inconsciente, não atento ao que está acontecendo; a coisa aconteceu mas você não estava lá. Não aconteceu em sua presença, você estava ausente. Você só passou ao largo, isso nunca teve nenhuma ressonância em você. Nunca o marcou, você jamais aprendeu algo com isso. Pode ter se tornado parte da sua memória, porque de certo modo você estava presente, mas nunca se tornou sua sabedoria. Você nunca cresceu com isso. Então você está envelhecendo.

Mas se você traz a qualidade da consciência a uma experiência, esta se torna maturidade.

Há dois modos de viver: um, viver num sono profundo – então você envelhece, a todo momento envelhece, a todo momento continua a morrer. Isso é tudo. Toda a sua vida consiste numa morte longa, lenta. Mas se você leva a consciência para as suas experiências – independentemente do que faça, do que lhe aconteça, você está alerta, atento, consciente, você está avaliando a experiência de todos os ângulos, está tentando entender-lhe o significado, você está tentando penetrar-lhe a essência, o que lhe aconteceu; você está tentando viver isso intensa e totalmente – então isso não é só um fenômeno superficial. No fundo do seu coração, algo está mudando com isso. Você está mais alerta. Se isso foi um erro, essa experiência, você nunca o cometerá novamente.

Uma pessoa madura nunca comete duas vezes o mesmo erro; mas a pessoa que é apenas velha continua cometendo os mesmos erros repetidas vezes. Ela anda em círculos; nunca aprende nada. Essa pessoa estará irritada hoje, como estava ontem e anteontem, e ficará irritada amanhã e depois de amanhã. Por vezes se irrita, por vezes se arrepende, tomando a firme decisão de que não fará isso novamente; mas essa decisão não acarreta nenhuma mudança – sempre que você está transtornado, a raiva assume o comando, você está possesso; o mesmo erro é cometido. Você está envelhecendo.

> Envelhecer não é nada que você faça; envelhecer é algo que acontece fisicamente. Toda criança nascida, com o passar do tempo envelhece. A maturidade é algo que você leva para a sua vida – que vem da consciência.

Se você viver uma experiência de raiva total, nunca mais ficará irritado. Uma experiência será o bastante para ensinar que isso é tolice, um absurdo, algo simplesmente estúpido – não que seja um pecado: é simplesmente estúpido. Você está se prejudicando e está prejudicando outras pessoas, por nada. A coisa não vale a pena. Então você está amadurecendo. Amanhã a situação se repetirá, mas não a raiva. Um homem que está ganhando em maturidade não *decidiu* que não ficará com raiva de novo, não – esse é o sinal de um homem que não está amadurecendo. O homem maduro nunca se decide pelo futuro; a própria maturidade se encarrega disso. Você vive hoje – a própria vida decidirá como o amanhã vai ser; o amanhã advirá disso.

Definições

Se a raiva foi dolorosa, venenosa, se você sofreu muito por causa dela, qual é o objetivo de se decidir ou de fazer uma promessa e ir ao templo e declarar, "Agora prometo que nunca mais vou ficar com raiva"? Tudo isso é infantil, não há nenhum objetivo nisso! Se você já sabe que a raiva é nociva, está acabado! Essa via está bloqueada, a porta não existe mais para você. A situação se repetirá amanhã mas você não será possuído por ela. Você aprendeu algo – essa compreensão estará presente. Você pode até rir, pode até se divertir com o modo como as pessoas se tornam tão tolas. Sua compreensão está aumentando através de cada experiência.

Você pode viver a vida como se estivesse hipnotizado – é assim que 99% das pessoas vivem – ou você pode viver com intensidade, consciência. Se você viver com consciência, você amadurece; caso contrário, você simplesmente envelhece. E envelhecer não é se tornar sábio. Se você foi um tolo quando era jovem e agora envelheceu, você será apenas um velho tolo, só isso. Tornando-se apenas velho, você não pode se tornar sábio. Você pode até mesmo ser mais tolo porque pode ter se apegado a hábitos mecânicos, como um autômato.

Uma pessoa madura nunca comete duas vezes o mesmo erro; mas a pessoa que é apenas velha continua cometendo os mesmos erros repetidas vezes. Ela anda em círculos; nunca aprende nada.

A vida pode ser vivida de duas formas. Se você vive de modo inconsciente, você simplesmente morre; se vive conscientemente, você consegue cada vez mais vida. A morte virá – mas ela nunca chega para um homem maduro, ela só chega para um homem que vem se tornando um velho. Uma pessoa madura nunca morre, porque ela aprenderá até mesmo com a morte. Até a morte será uma experiência a ser vivida intensamente, observada e aceita.

Um homem maduro nunca morre. Na realidade, contra a rocha da maturidade a morte bate e se estraçalha, comete o suicídio. A morte morre, mas nunca o homem maduro. Essa é a mensagem de todos os que despertaram, qual seja a de que você é imortal. Eles a conheceram, viveram a morte deles. Observaram e descobriram que ela pode cercá-lo, mas você permanece indiferente, longe. A morte acontece perto de você mas nunca acontece com você.

Imortal é o seu ser, e abençoado, e divino, mas com essas experiências você não pode deixar a mente e a memória repletas. Você deve passar pela vida e as obter. Isso envolve muito sofrimento, muita dor. E por causa da dor e do sofrimento as pessoas gostam de viver estupidamente – isto faz compreender por que tantas pessoas insistem em que devem viver em transe, por que Budas e Cristos continuam a dizer às pessoas que despertem, e ninguém escuta. Deve haver algum envolvimento profundo na hipnose, deve haver algum investimento profundo. O que é o investimento?

Envelhecer não é tornar-se sábio. Se você foi um tolo quando jovem e agora envelheceu, você será apenas um velho tolo, só isso.

O mecanismo deve ser entendido; caso contrário, você me ouvirá e nunca se tornará consciente. Você escutará e fará disso uma parte do seu conhecimento, esse "Sim, esse homem diz que está consciente e é bom estar consciente, e os que conseguem a consciência se tornam maduros..."; mas você mesmo não logrará isso, isso permanecerá sendo apenas conhecimento. Você pode comunicar seu conhecimento a outros, mas ninguém é ajudado desse modo.

Por quê? Você alguma vez fez essa pergunta? Por que você não consegue a consciência? Se ela leva à bênção infinita, à posse de *satchitanan-*

da, à verdade absoluta – então, por que não ser consciente? Por que você insiste em estar dormindo? Há algum investimento, e esse é o investimento; se você se der conta, o sofrimento existe. Quando você se torna consciente, torna-se consciente da dor, e esta é tal que você gostaria de tomar um tranqüilizante e adormecer.

Na vida, esse torpor funciona como uma proteção contra a dor. Mas esse é o problema – se você está entorpecido contra a dor, também está entorpecido contra o prazer. Pense nisso como se houvesse duas torneiras: numa está escrito "dor" e na outra, "prazer". Você gostaria de fechar a torneira na qual a palavra dor está escrita, e gostaria de abrir a torneira na qual a palavra prazer está escrita; mas esse é o jogo – quando você fecha a torneira da dor, a do prazer imediatamente se fecha, porque por atrás de ambas há só uma torneira, em que está escrito "consciência". Ou ambas permanecem abertas ou permanecem fechadas, porque ambas são duas faces do mesmo fenômeno, dois aspectos.

E essa é toda a contradição da mente: ela quer ser mais e mais feliz – a felicidade é possível se você estiver consciente. E então a mente quer ter cada vez menos dor – mas isso só é possível se você *não estiver consciente*. Agora você está num dilema. Se não quer nenhuma dor, imediatamente o prazer desaparece da sua vida, a felicidade desaparece. Se você quer a felicidade, você abre a torneira – imediatamente também há dor fluindo. Se você está consciente, você deve estar consciente dos dois. A vida é dor e prazer. A vida é felicidade e infelicidade. A vida é dia e noite, a vida é vida e morte. Você precisa estar consciente dos dois.

> Uma pessoa madura nunca morre, porque ela aprenderá até mesmo com a morte. Até a morte será uma experiência a ser vivida intensamente, a ser observada e aceita.

Assim, lembre-se disto. Se você tiver medo da dor, permanecerá hipnotizado; ficará velho e morrerá. Perdeu uma oportunidade. Se você quiser estar consciente, então terá de estar consciente da dor e do prazer; eles não são fenômenos separados. E um homem que se torna consciente se torna muito feliz mas também capaz de profunda infelicidade, da qual você não é capaz.

Aconteceu que um Mestre zen morreu e seu discípulo principal – que era um homem famoso por seus méritos, até mesmo mais famoso que o Mestre (na realidade o Mestre tinha ficado famoso por causa do discípulo) – começou a chorar. Sentado na escadaria do templo, ele começou a chorar, as lágrimas lhe escorriam pelas faces. Milhares de pessoas haviam-se reunido; não podiam acreditar naquilo, porque você nunca vê nenhum desperto aos gritos e chorando daquela forma. Elas diziam, "Não podemos acreditar nisto – o que está acontecendo? Você está chorando, e você mesmo tem dito a nós que o ser interior nunca morre, que a morte não existe. Ouvimos você dizer milhões de vezes que a morte não existe – assim, por que você está chorando? Seu Mestre ainda está vivo no ser dele".

> A vida é felicidade e infelicidade. A vida é dia e noite, a vida é vida e morte. Você precisa estar consciente dos dois.

O discípulo abriu os olhos e disse, "Não me perturbe. Deixe-me chorar e gritar. Eu não estou chorando pelo Mestre nem pelo seu ser; estou chorando pelo corpo dele, que também era belo. Esse corpo nunca mais existirá".

E então alguém tentou persuadi-lo de que isso lhe acarretaria uma reputação ruim: "Muitas pessoas estão reunidas, e elas acharão que você não é um iluminado."

O discípulo disse, "Que pensem o que quiserem. Desde o dia em que me tornei iluminado tornei-me também infinitamente abençoado, mas também fiquei infinitamente sensível à dor e ao sofrimento".

Isso parece ser como deveria ser. Se você desferir um golpe contra Buda, ele sofrerá mais do que você se alguém lhe fizer isso – porque ele se tornou infinitamente sensível. Sua sensibilidade é muito delicada; ele é apenas como uma pétala de lótus. A pedra lançada contra ele o abaterá profundamente, causar-lhe-á um profundo sofrimento. É claro que ele estará consciente disso; é claro que estará indiferente a isso. É claro que ele transcenderá isso, estará consciente de que isso está acontecendo e de que ele não será uma parte disso, ele será um fenômeno nebuloso à volta disso – que está, contudo, acontecendo.

Você não pode ser tão sensível à dor. Você cai tão depressa no sono... Você se movimenta como um bêbado – o bêbado cai na rua, bate a cabeça na sarjeta e nada acontece. Se ele tivesse estado consciente, teria sentido dor.

O Buda sofre infinitamente e regala-se infinitamente. Lembre-se sempre: toda vez que você chega a um pico elevado, um vale fundo estará sendo criado. Se você quiser alcançar os céus, suas raízes terão de ir até o inferno. Por ter medo da dor, você não pode se tornar consciente – e então você não pode aprender nada.

É como se você tivesse tanto medo dos inimigos que fechasse as portas da sua casa. Agora, nem sequer o amigo pode entrar; até a pessoa que você ama é deixada de fora. Esta continua batendo na porta mas você tem medo; talvez seja o inimigo. Assim, você está fechado – eis como eu o vejo inteiramente: fechado, com medo do inimigo, sem que o seu amigo possa entrar. Você transformou o amigo em inimigo – agora ninguém pode entrar, você está com medo.

Abra a porta. Quando o ar fresco entrar na casa, é bem possível que os perigos também entrem. Quando o amigo vier, o inimigo virá também, porque o dia e a noite entram juntos, a dor e o prazer entram juntos, a vida e a morte entram juntas. Não tenha medo da dor; caso contrário, você viverá anestesiado. O cirurgião dá um anestésico antes de operá-lo porque haverá muita dor; você não conseguirá suportar a dor. Sua consciência tem de ser diminuída, obscurecida; então, ele pode cortar todo o seu corpo e você não sofrerá.

Por causa do medo da dor, você se forçou a viver numa consciência obscura, numa existência obscura, quase sem vida – esse é o medo. Você precisa deixar de lado esse medo, precisa enfrentar a dor, precisa passar pelo sofrimento – só então haverá a possibilidade de o amigo entrar.

E quando você conhecer ambas as coisas, você imediatamente se tornará a terceira. Quando você conhece as duas coisas – a dor e o prazer, a dualidade, o dia e a noite – de repente você se torna transcendental.

A maturidade é consciência. Envelhecer é só dissipar-se.

A COISA MAIS IMPORTANTE PARA SE LEMBRAR é que a vida é dialética. Ela existe por meio da dualidade, é um ritmo entre opostos. Você não pode ser sempre feliz, caso contrário a felicidade perderá todo o significado. Você não pode estar sempre em harmonia; caso contrário, não terá consciência da harmonia. À harmonia deve seguir novamente a discordância, e à felicidade, a infelicidade. Todo prazer traz em si a sua própria dor, e toda dor traz em si o seu próprio prazer.

A menos que a pessoa entenda essa dualidade da existência, ela se mantém numa infelicidade desnecessária.

Aceite o total, com todas as suas agonias e todos os seus êxtases. Não deseje o impossível. Não queira que haja só êxtase e nenhuma agonia. O êxtase não pode existir sozinho, ele precisa de um contraste. A agonia se torna o quadro-negro, então o êxtase se torna muito claro e vivo, da mesma forma que na escuridão da noite as estrelas reluzem tanto. Quanto mais negra é a noite, mais luminosas são as estrelas. Durante o dia, elas não desaparecem, simplesmente se tornam invisíveis; você não as pode ver porque não há nenhum contraste.

Pense numa vida sem morte; ela será um sofrimento insuportável, uma existência insuportável. Será impossível viver sem morte – a morte define a vida, dá-lhe uma espécie de intensidade. Porque a vida é passageira cada momento se torna precioso. Se a vida fosse eterna – então, quem teria preocupações? A pessoa sempre poderia esperar pelo amanhã – então, quem viveria aqui e agora? Pelo fato de a morte existir no amanhã, isso o obriga a viver aqui e agora. Você tem de mergulhar no momento presente, tem de ir ao mais fundo desse momento porque – quem sabe? O momento seguinte pode vir ou pode não vir.

Vendo esse ritmo, a pessoa está à vontade, à vontade com ambas as coisas. Quando a infelicidade chega, a pessoa dá-lhe as boas-vindas; quando a felicidade chega, a pessoa dá-lhe as boas-vindas, sabendo que elas são parceiras do mesmo jogo. Isso é algo que deve ser lembrado continuamente. Se isso se tornar uma idéia fundamental em você, sua vida terá um sabor totalmente novo – o sabor da liberdade, o sabor do desapego, o sabor do desprendimento. Independentemente do que lhe suceder, você continua a aceitar serena e silenciosamente.

> Aceite o total, com todas as suas agonias e todos os seus êxtases. Não deseje o impossível. Não queira que haja só êxtase e nenhuma agonia.

E a pessoa capaz de aceitar serena e silenciosamente a dor, a frustração e a infelicidade transforma a própria qualidade da infelicidade. Para ela, a infelicidade também se torna um tesouro; para ela, até a dor proporciona certa agudeza. Para ela, até a escuridão tem sua própria beleza, profundidade, infinidade. Para ela, até a morte não é o fim, mas apenas o começo de algo desconhecido.

MATURIDADE DO ESPÍRITO

As qualidades de uma pessoa madura são muito estranhas. Primeiro, ela não é uma pessoa. Ela não é mais um ego – tem uma presença, mas não é uma pessoa.

> A pessoa capaz de aceitar serena e silenciosamente a dor, a frustração e a infelicidade muda a própria qualidade da infelicidade. Para ela, a infelicidade também se torna um tesouro; para ela, até a dor proporciona certa agudeza. Para ela, até a escuridão tem sua beleza, profundidade, infinitude.

Segundo, ela assemelha-se mais a uma criança, simples e inocente. Eis por que eu disse que as qualidades de uma pessoa madura são muito estranhas, porque a maturidade acarreta certa sensação de que experiências foram vividas, de que se tem idade, de que se está velho – fisicamente a pessoa pode ser velha, mas espiritualmente ela é uma criança inocente. Sua maturidade não é só experiência adquirida vida afora – portanto, ela não seria como uma criança, uma presença – ela seria uma pessoa experiente, educada, mas não amadurecida.

A maturidade não tem nada que ver com suas experiências de vida. Tem que ver com sua jornada interior, com sua experiência interior.

Quanto mais o homem se aprofunda em si mesmo, mais maduro ele é. Quando ele alcançou o âmago do seu ser, ele se acha perfeitamente amadurecido; mas nesse momento a pessoa desaparece, só a presença permanece. O eu desaparece, só resta o silêncio. O conhecimento desaparece, só a inocência continua.

Para mim, a maturidade é sinônimo de realização: você chegou à concretização do seu potencial. Ele se tornou real. A semente fez uma longa jornada e floresceu.

A maturidade tem uma fragrância. Confere grande beleza à pessoa. Confere inteligência, a inteligência mais aguda possível. Faz com que ela apenas ame. Sua ação é amor, sua inação também é; sua vida é amor, sua morte é amor. Ela é apenas uma flor de amor.

As definições ocidentais de maturidade são muito infantis. O mundo ocidental entende por maturidade que você não é mais inocente; que amadureceu com as experiências da vida; que você não pode ser enganado facilmente; que não pode ser explorado; que tem dentro de você algo como uma pedra dura, uma proteção, uma segurança. Essa definição é muito comum, muito terrena. Sim, no mundo você achará pessoas maduras desse tipo; mas o modo como vejo a maturidade é totalmente diferente, diametralmente oposto a essa definição. A maturidade de que estou falando não fará de você uma pedra; ela o deixará vulnerável, delicado, simples.

A maturidade não tem nada que ver com suas experiências de vida. Tem que ver com a sua jornada interior, com a sua experiência interior. Quanto mais um homem se aprofunda em si mesmo, mais maduro ele é.

Eu me lembro... Um ladrão entrou na cabana de um místico. Era noite de lua cheia, e foi por engano que entrou; caso contrário, o que se pode achar na casa de um místico? O ladrão olhava e se surpreendia com o fato de não haver nada ali – e então, de repente, viu um homem que estava entrando com uma vela na mão. O homem disse, "O que você está procurando no escuro? Por que você não me acordou? Há pouco eu estava dormindo perto da porta da frente, e poderia ter-lhe mostrado a casa inteira". E ele olhava de modo tão simples e inocente, que era como se não pudesse conceber que aquela pessoa pudesse ser um ladrão.

Diante de tanta simplicidade e inocência, o ladrão disse, "Talvez o senhor não saiba que eu sou um ladrão".

O místico disse, "Isso não importa, todo mundo tem que ser alguém. A questão é que eu estive na casa durante trinta anos e não achei nada; assim, vamos procurar juntos! E se pudermos achar algo, poderemos ser parceiros. Não achei nada nessa casa – ela está vazia". O ladrão estava com um pouco de medo – o homem parecia muito estranho! Ou é louco ou... quem sabe que tipo de homem ele é... Ele quis fugir, e além disso trouxera coisas de duas outras casas que deixara do lado de fora da casa.

O místico tinha só um cobertor – isso era tudo que ele dispunha – e a noite estava fria, de modo que disse ao ladrão, "Não vá embora desse jeito, não me ofenda dessa forma; caso contrário, nunca poderei ser capaz de me perdoar pelo fato de um pobre homem ter vindo à minha casa no meio da noite e ter ido embora de mãos vazias. Leve ao menos este cobertor. Ele será útil – do lado de fora está muito frio. Estou dentro da casa; está mais quente aqui".

Ele cobriu o ladrão com o cobertor. O ladrão estava quase perdendo a cabeça... Ele disse, "O que o senhor está fazendo? Eu sou um ladrão!"

O místico disse, "Isso não importa. Neste mundo todos têm de ser alguém, têm de fazer algo. Você pode estar roubando, isso não importa – profissão é profissão. Só tenha um bom desempenho, com todas as minhas bênçãos. Seja perfeito, não se deixe apanhar; caso contrário, você estará em dificuldades".

O ladrão disse, "O senhor é muito estranho. O senhor está nu, e não tem nada..."

O místico disse, "Não se preocupe, porque eu estou indo com você! Só o cobertor estava me mantendo nesta casa; além dele, não há nada nesta casa – e eu mesmo dei-lhe o cobertor. Vou com você – viveremos juntos! E você parece ter muitas coisas; é uma parceria boa. Dei-lhe tudo o que tinha; você poderá me dar um pouco – isso será perfeito".

O ladrão não podia acreditar no que ouvia. Ele só queria sair daquele lugar e da presença daquele homem. Ele disse, "Não, eu não posso levá-lo comigo. Eu tenho a minha mulher. Tenho os meus filhos. E meus vizinhos, o que eles dirão se eu levar um homem nu para a minha casa...?"

O místico disse, "Está bem. Não vou colocá-lo em nenhuma situação embaraçosa. Desse modo, você pode ir, eu continuarei aqui". E enquanto o ladrão ia saindo, o místico gritou, "Ei! Volte!" O ladrão nunca tinha ouvido uma voz tão forte, cortante como uma faca. Ele teve de voltar. O místico disse, "Aprenda um pouco de boas maneiras. Eu lhe dei o cobertor e você nem sequer me agradeceu. Assim, primeiro, me agradeça – ele o ajudará por muito tempo. Segundo, ao sair, feche a porta! Você a abriu quando entrou. Não percebe que a noite está muito fria, nem que lhe dei o cobertor e fiquei nu? Não há problema em que você seja um ladrão, mas no que respeita às boas maneiras, sou um homem difícil. Não posso tolerar esse tipo de comportamento. Diga obrigado!"

O ladrão teve de dizer, "Obrigado, senhor", fechou a porta e se foi. Ele não podia acreditar no que tinha acontecido! Não pôde dormir a noite inteira. Ficava se lembrando... nunca tinha ouvido uma voz tão forte como aquela, tanto poder. E o homem não tinha nada!

Perguntou no dia seguinte e descobriu que aquele homem era um grande Mestre. Ele não agira bem – foi terrível ir até aquele pobre homem, que não tinha nada. Mas ele era um grande Mestre.

O ladrão disse, "Pelo que eu posso entender – ele é um tipo de homem muito estranho. Em toda a minha vida tenho entrado em contato com tipos diferentes de pessoas, desde as mais pobres às mais ricas, mas nunca... Só de lembrá-lo, um tremor me percorre o corpo. Quando me chamou de volta, não pude fugir. Eu estava absolutamente livre, poderia ter pegado as coisas e corrido, mas não consegui. Havia algo na voz dele que me puxava para trás".

Depois de alguns meses, o ladrão foi pego, e no tribunal o juiz perguntou-lhe, "Você pode dar o nome de uma pessoa que o conheça e viva nas proximidades?"

Ele disse, "Sim, uma pessoa me conhece", e deu o nome do Mestre.

O juiz disse, "Isso é o bastante – chame o Mestre. O testemunho dele vale o de dez mil pessoas. O que ele disser sobre você será o bastante para dar o veredicto".

O juiz perguntou ao Mestre, "O senhor conhece este homem?" Ele disse, "Se o conheço? Somos parceiros! Ele é meu amigo, até me visitou certa vez no meio da noite. Estava tão frio, que lhe dei meu cobertor. Ele o está usando, como pode ver. Esse cobertor é famoso em todo o país; todo mundo sabe que é meu".

O juiz disse, "Ele é seu amigo? E rouba?"

O Mestre disse, "Nunca! Ele não pode roubar. Ele é tão educado que quando lhe dei o cobertor ele me disse, 'Obrigado, senhor'. Quando ele saiu de casa, silenciosamente fechou a porta. É uma pessoa muito cortês, agradável".

O juiz disse, "Se é assim que pensa, então todos os depoimentos das testemunhas que disseram que ele é um ladrão estão invalidados. Ele está livre". O místico saiu e o ladrão o acompanhou.

O místico disse, "O que você está fazendo? Por que está vindo comigo?"

Ele disse, "Agora nunca poderei deixá-lo. O senhor me chamou de amigo, de parceiro. Ninguém nunca demonstrou respeito por mim. O senhor é a primeira pessoa que disse que eu sou educado, cortês. Vou me sentar a seus pés e aprender a ser como o senhor. Onde adquiriu essa maturidade, esse poder, essa força, essa visão totalmente diferente das coisas?"

Definições

O místico disse, "Você sabe como me senti mal naquela noite? Você se foi – estava tão frio sem um cobertor, que não era possível dormir. Só fiquei sentado à janela, observando a lua cheia, e escrevi um poema: 'Se eu fosse rico o bastante, teria dado essa lua perfeita àquele companheiro pobre, que veio à noite em busca de algo na casa de um homem pobre. Eu teria dado a lua se fosse bastante rico, mas eu sou pobre'. Vou mostrar-lhe o poema, venha comigo.

"Chorei naquela noite para que os ladrões aprendessem algo. Pelo menos eles informariam com um ou dois dias de antecedência toda vez que fossem invadir a casa de um homem como eu, para que fosse possível arranjar algo, de modo que os ladrões não tivessem de ir de mãos vazias. E é bom que você tenha se lembrado de mim no tribunal; caso contrário, como essas pessoas são perigosas, elas poderiam tê-lo maltratado. Ofereci-me naquela mesma noite para acompanhá-lo e ser seu parceiro, mas você recusou. Agora você quer vir comigo! Não há nenhum problema, você pode vir; tudo o que tenho partilharei com você. Mas isso não é material, é algo invisível."

> Por maturidade, entendo que você voltou para casa. Você não é mais uma criança que tem que crescer – você cresceu. Tocou o zênite do seu potencial.

O ladrão disse, "Isso eu posso sentir – que é algo invisível. Mas o senhor salvou a minha vida, que agora lhe pertence. Faça tudo o que quiser dela, pois eu simplesmente a tenho desperdiçado. Olhando para o senhor, em seus olhos, uma coisa é certa – o senhor pode me transformar. Afeiçoei-me desde aquela noite".

Para mim, a maturidade é um fenômeno espiritual.

A MATURIDADE DO ESPÍRITO É TOCAR O SEU CÉU INTERIOR. Quando você se estabelece nele, achou uma casa, e muita maturidade aflora em suas ações, no seu comportamento. Então tudo o que você faz tem graça. Tudo o que você faz é um poema em si mesmo. Você vive a poesia, seu andar se torna uma dança, seu silêncio, uma música.

Por maturidade eu entendo que você voltou para casa. Você não é mais uma criança que tem que crescer – você cresceu. Tocou o zênite do seu potencial. Pela primeira vez, num sentido estranho, você não é – e você *é*. Você não partilha mais de idéias e fantasias ultrapassadas, nem da antiga compreensão de si mesmo; tudo isso escoou pelo ralo. Agora, algo novo surge em você, absolutamente novo e fresco, que transforma toda a sua vida em alegria. Você se tornou um estranho para o mundo infeliz, não cria infelicidade para você mesmo nem para ninguém. Você vive a sua vida em liberdade total, sem nenhuma consideração pelo que os outros dirão.

>
> As pessoas que sempre estão levando em conta os outros e suas opiniões são imaturas. Dependem da opinião alheia. Não podem fazer nada autenticamente, não podem dizer com honestidade o que querem dizer – dizem o que os outros querem ouvir.

As pessoas que sempre estão levando em conta os outros e suas opiniões são imaturas. Dependem da opinião alheia. Não podem fazer nada autenticamente, não podem dizer com honestidade o que querem dizer – dizem o que os outros querem ouvir. Os políticos dizem coisas que você quer ouvir. Eles lhe fazem as promessas que você deseja. Sabem perfeitamente bem que não podem cumprir essas promessas; tampouco têm intenção de cumpri-las. Mas se dizem exatamente e verdadeiramente qual é a situação, e tornam claro para você que muitas das coisas que você está pedindo são impossíveis, que não podem ser feitas, eles não serão eleitos. Você não elegerá políticos honestos.

Este é um mundo muito estranho. É quase um manicômio. Se, nesse manicômio, você fica alerta e atento ao seu ser interior, você é abençoado.

OS CICLOS DE SETE ANOS DE VIDA

❧

A vida apresenta um modelo interior, e é bom entender isso. A cada período de sete anos, dizem os fisiólogos, o corpo e a mente passam por uma crise e uma mudança. A cada sete anos mudam todas as células do corpo, elas se renovam completamente. Na realidade, se você vive setenta anos, o limite comum, o seu corpo morre dez vezes. Em cada sétimo ano, tudo muda – exatamente como a mudança das estações. Em setenta anos, o círculo está completo. A linha que vai do nascimento à morte, o círculo está completo em setenta anos. Ele apresenta dez divisões.

Na realidade, a vida do homem não deveria ser dividida em infância, juventude e velhice. Isso não é muito científico, porque a cada sete anos uma nova idade começa, um novo passo é dado.

Nos primeiros sete anos, a criança é egocêntrica, como se fosse o centro do mundo inteiro. Toda a família gira em torno dela. Quaisquer que sejam suas necessidades, elas devem ser satisfeitas imediatamente; caso contrário, a criança terá um acesso de raiva, se enfurecerá. Ela vive como um imperador, um imperador de verdade – a mãe, o pai, todos são servos, e a família inteira só existe para ela. E, é claro, a criança pensa que o mesmo é verdadeiro para o mundo. A Lua nasce para ela, o Sol nasce para ela, as estações mudam para ela. Uma criança continua por sete anos absolutamente egoísta, egocêntrica. Se você perguntar aos psicólogos eles dirão que uma criança por sete anos permanece numa atitude masturbatória, satisfazendo-se consigo mesma. Ela não precisa de nada, de ninguém. Sente-se completa.

Depois de sete anos, uma inovação. A criança não é mais egocêntrica; ela se torna excêntrica, literalmente. *Excêntrica* – a palavra significa "sair do centro". Ela se orienta para o outro. O outro se torna o fenômeno importante – os amigos, o grupo... Agora ela não se interessa tanto por si mesma; está mais interessada no outro, no mundo maior. Ela entra numa aventura para saber quem é esse "outro". A investigação começa.

Nos primeiros sete anos, a criança é egocêntrica, como se fosse o centro do mundo inteiro. Toda a família gira em torno dela. Quaisquer que sejam suas necessidades, elas devem ser satisfeitas imediatamente; caso contrário, a criança terá um acesso de raiva, se enfurecerá.

Depois do sétimo ano, a criança vira uma grande questionadora. Ela questiona tudo. Torna-se uma grande cética por causa dessa investigação. Faz milhões de perguntas. Aborrece os pais ao máximo, torna-se uma peste. Ela está interessada no outro, e tudo no mundo lhe interessa. Por que as árvores são verdes? Por que Deus criou o mundo? Por que isso é assim? Ela começa a ficar cada vez mais filosófica – investigação, ceticismo; ela insiste em penetrar o sentido das coisas.

Ela mata uma borboleta para ver como é dentro; quebra um brinquedo só para ver como funciona; lança ao chão um relógio só para olhar dentro dele, para ver como faz tique-taque e dispara – o que ocorre por dentro; ela está interessada no outro – mas o outro continua a ser do mesmo sexo. Não está interessada em meninas. Se outros meninos estão interessados em meninas, essa criança pensará que eles são "maricas". As meninas não estão interessadas em meninos. Se alguma menina estiver interessada nos meninos e em brincar com eles, ela será uma menina masculinizada, anormal, não comum; algo estará errado. A esse segundo estágio os psicanalistas e psicólogos chamarão de homossexual.

Depois do décimo quarto ano, uma terceira porta se abre. O menino não está mais interessado em meninos, nem as meninas em meninas. Eles são educados, mas não interessados. Eis por que qualquer amizade que acontece entre o sétimo e o décimo quarto é a mais profunda, porque a mente é homossexual, e nunca mais na vida essa amizade acontecerá. Esses amigos permanecem amigos para sempre, tal é a força do vínculo. Você se tornará amigo das pessoas mas isso continuará a ser uma forma de familiaridade, não aquele fenômeno profundo que aconteceu entre o sétimo e o décimo quarto ano.

Mas depois do décimo quarto ano, o menino não está interessado em meninos. Se tudo correr normalmente, se ele não ficar preso em algum lugar, ele se interessará por meninas. Agora ele está se tornando heterossexual – não só interessado nos outros, mas realmente *no outro* – porque, quando um menino está interessado em outro menino, este pode ser o "outro" mas ainda é um menino como o primeiro, não exatamente o outro. Quando um menino se interessa por meninas, agora ele está realmente interessado no oposto, o outro real. Quando uma menina se interessa por um menino, o mundo vem à luz.

O décimo quarto ano é um grande ano revolucionário. O sexo amadurece, a pessoa começa a pensar em termos de sexo; as fantasias sexuais tornam-se proeminentes nos sonhos. O menino vira um grande Don Juan, começa a paquerar. A poesia aflora, bem como o romance. Ele está entrando no mundo.

Pelos vinte e um anos – se tudo correr bem, se a criança não for forçada pela sociedade a fazer algo que não é natural – por essa época, a criança se interessa mais pela ambição do que pelo amor. Ela quer um Rolls-Royce, um grande palácio. Quer ser um sucesso, um Rockefeller, um primeiro-ministro. As ambições se tornam proeminentes; ansiar pelo futuro, ser um sucesso, como ser bem-sucedida, como competir e como avançar na batalha são suas únicas preocupações.

Agora ela não está entrando só no mundo da natureza; está entrando no mundo da humanidade, no mercado. Agora ela está entrando no mundo da loucura. O mercado se torna a coisa mais importante. Todo o seu ser se volta para o mercado – dinheiro, poder, prestígio.

Se tudo correr bem – como nunca acontece, estou falando do fenômeno absolutamente natural – por volta do vigésimo oitavo ano o homem de modo algum tenta ingressar numa vida de riscos. Dos 21 aos 28 anos, a pessoa vive na aventura; por volta do vigésimo oitavo ano, a pessoa se torna mais consciente de que nem todos os desejos podem ser realizados. Há mais compreensão de que muitos sonhos são impossíveis. Se você for um tolo, irá atrás deles, mas as pessoas que são inteligentes tomam outra porta no vigésimo oitavo ano. Elas se tornam mais interessadas em segurança e conforto, menos em aventura e ambição. Começam a se ajustar. O vigésimo oitavo ano é o fim da febre *hippie*.

> O décimo quarto ano é um grande ano revolucionário.
>
> O sexo amadurece, a pessoa começa a pensar em termos de sexo; as fantasias sexuais tornam-se proeminentes nos sonhos. O menino vira um grande Don Juan, começa a paquerar. A poesia aflora, bem como o romance. Ele está entrando no mundo.

Aos 28 anos, os *hippies* ficam "quadrados", os revolucionários não são mais revolucionários; começam a se enquadrar, buscam uma vida confortável, um pouco de equilíbrio financeiro. Não querem ser Rockefellers – esse desejo não existe mais. Eles querem uma casa pequena, mas adequada, um lugar confortável para viver, segurança, algo que pelo menos possam ter sempre, um pouco de equilíbrio financeiro. Dirigem-se às companhias de seguros perto dos 28 anos. Começam a se ajustar. Agora o vagabundo não é mais um vagabundo. Ele compra uma casa, começa a viver nela; ele se torna civilizado. A palavra *civilização* vem de *civis*, "cidadão". Agora ele se torna parte de uma cidade, de um *establishment*. Ele não é mais um vagabundo, um pária. Ele não vai mais para Katmandu nem para Goa. Não vai a lugar nenhum – já está completo, viajou o bastante, conheceu muito; agora ele quer se estabelecer e descansar um pouco.

Por volta do trigésimo primeiro ano, a energia vital alcança seu ponto ômega. O círculo está parcialmente completo e as

As pessoas procuram as companhias de seguros perto dos 28 anos. Começam a se ajustar. Agora o vagabundo não é mais um vagabundo.

energias começam a declinar. Agora o homem não está interessado apenas em segurança e conforto; ele se torna um conservador, um ortodoxo. Ele se torna não só desinteressado pela revolução, mas se torna um anti-revolucionário. Agora ele está contra qualquer mudança; ele é um conformista. Está contra todas as revoluções; quer o *status quo* porque agora ele se estabeleceu e, se algo mudar, tudo se desestabilizará. Agora ele está falando contra os *hippies*, contra os rebeldes; agora ele realmente se tornou uma parte do *establishment*.

E isso é natural – a menos que algo dê errado, um homem não vai permanecer um *hippie* para sempre. Essa era uma fase boa de se passar mas ruim quando se fica preso nela. Isso significa que você continua preso em algum estágio. Foi bom ser homossexual entre os sete e os catorze, mas se a pessoa permanece homossexual por toda a vida, isso significa que ela não cresceu, que não é adulta. É preciso que haja o contato com uma mulher; isso faz parte da vida. O outro sexo tem de se tornar importante, porque só então você será capaz de conhecer a harmonia dos opostos, o conflito, a infelicidade e o êxtase – agonia e êxtase ao mesmo tempo. É um treinamento, um treinamento necessário.

Por volta do trigésimo primeiro ano, a pessoa tem de se tornar parte do mundo convencional. Ela começa a acreditar na tradição, no passado, nos Vedas, no Alcorão, na Bíblia. A pessoa é absolutamente contra mudanças, porque toda mudança significa que a sua própria vida será perturbada; agora ela tem muito a perder. A pessoa não pode ser a favor da revolução; quer proteger-se. Ela está a favor da lei, dos tribunais e do governo. Não é mais um anarquista; defende inteiramente o governo, as regras, os regulamentos e a disciplina.

> Por volta do trigésimo primeiro ano, a pessoa é absolutamente contra mudanças, porque toda mudança significa que sua própria vida será perturbada; agora ela tem muito a perder.

Por volta dos quarenta e dois anos, todos os tipos de doenças físicas e mentais vêm à tona, porque agora a vida está declinando. A energia avança para a morte. Como no princípio – suas energias estavam surgindo e você estava se tornando cada vez mais vivo, cheio de energia; você estava ficando mais forte – agora, só o oposto acontece; você fica mais fraco todos os dias. Mas seus hábitos persistem. Você se alimentou bem até a idade de 35 anos; agora, se mantiver esse hábito, começará a engordar. Ora, não é necessário tanto alimento. Foi necessário, mas agora não é mais porque a vida ruma para a morte; você não precisa dessa quantidade de alimento. Se você continuar enchendo a barriga como antes, então todos os tipos de doenças acontecerão: pressão alta, ataque do coração, insônia, úlceras — tudo isso acontece perto dos 42 anos; quarenta e dois é um dos pontos mais perigosos. Os cabelos começam a cair, ficam grisalhos. A vida está se transformando em morte.

E, perto de 42 anos, a religião começa a se tornar importante pela primeira vez. Você pode ter estado às voltas uma ou outra vez com a religião antes; mas agora ela começa a se tornar realmente importante — porque a religião está profundamente relacionada com a morte. Agora, a morte se aproxima, e o primeiro desejo de religião surge.

Carl Gustav Jung escreveu que, em toda a sua vida, ele observou que as pessoas que o procuravam em torno dos quarenta anos sempre tinham necessidade da religião. Se enlouqueciam, se ficavam neuróticas, psicóticas, não podiam ser ajudadas a menos que encontrassem raízes profundas na religião. Elas precisavam da religião; a necessidade básica de todas elas era a religião. E se a sociedade for secular e nunca lhe tiverem ensinado religião, a maior dificuldade surgirá por volta dos 42 anos — porque a sociedade não abre para elas nenhum caminho, nenhuma porta, nenhuma dimensão.

A sociedade era boa quando você tinha catorze anos, porque ela lhe dava bastante sexo — toda a sociedade é extremamente sexual; o sexo parece ser a única mercadoria escondida em cada mercadoria. Se você quer vender um caminhão de dez toneladas, você tem de usar uma mulher nua. O mesmo serve para uma pasta de dentes. Isso não faz diferença: uma mulher nua sempre está por trás de tudo, sorridente. De fato, a *mulher* é vendida. O caminhão não é vendido, a pasta de dentes não é vendida — a mulher é que é vendida. E pelo fato de o sorriso da mulher acompanhar a pasta de dentes, você tem de negociar também a pasta de dentes. Em toda parte, o sexo é que é vendido.

Assim, essa sociedade, uma sociedade secular, é boa para pessoas jovens. Mas elas não vão permanecer jovens para sempre. Quando tiverem 42 anos, a sociedade as deixará num limbo de repente. Elas não saberão o que fazer. Tornar-se-ão neuróticas porque não saberão, nunca foram treinadas, nenhuma disciplina lhes foi ensinada para enfrentar a morte. A sociedade preparou-as para a vida, mas ninguém lhes ensinou a ficar preparadas para a morte. Elas precisam de tanta educação para a morte quanto precisam para a vida.

Se me fosse possível, eu dividiria as universidades em duas partes: uma parte para pessoas jovens, outra para pessoas de idade. As jovens viriam aprender a arte da vida – sexo, ambição, luta. Então, quando ficassem mais velhas e alcançassem a marca dos 42, elas voltariam para a universidade para aprender sobre a morte, sobre Deus, meditação – porque então as antigas universidades não lhes seriam de valia. Elas precisariam de um treinamento novo, de uma nova disciplina, de modo que pudessem se tornar estabilizadas na nova fase de sua vida.

> E se a sociedade for secular e nunca lhe tiverem ensinado religião, a maior dificuldade surgirá por volta dos 42 anos – porque a sociedade não abre para elas nenhum caminho, nenhuma porta, nenhuma dimensão.

Essa sociedade deixa-as no limbo; eis por que, no Ocidente, há tantas doenças mentais. O mesmo não acontece no Oriente. Por quê? Porque o Oriente ainda fornece um pouco de treinamento em religião. Ela não desapareceu por completo; por falsa, por mais mentirosa que seja, ainda está lá, existe marginalmente. Não mais no mercado, não mais no centro da vida, apenas marginalmente – contudo, sempre há um templo. Fora da vida, mas ainda como parte dela. Você tem de dar alguns passos para poder chegar lá, pois ela ainda existe.

No Ocidente, a religião não é mais parte da vida. Perto dos 42 anos, o ocidental passa por problemas psicológicos. Milhares de tipos de neuroses acontecem – e úlceras. Estas são as marcas da ambição. Um homem ambicioso tem de ter úlceras no estômago: a ambição morde, ela se alimenta de você. A úlcera não faz nada senão devorá-lo. Você está tão tenso que começou a se alimentar do estofo de seu próprio estômago. Você está tão tenso, seu estômago está tão tenso, que nunca relaxa. Sempre que a mente está tensa, o estômago está tenso.

As úlceras são as marcas da ambição. Se você tem úlceras, isso mostra que você é um homem muito próspero. Se não tem nenhuma úlcera, você é um homem pobre; sua vida foi um fracasso, você falhou totalmente. Se você tem seu primeiro ataque cardíaco perto dos 42 anos, você é um grande sucesso. Você deve ser pelo menos ministro ou um rico industrial, ou mesmo um ator famoso; caso contrário, como você explicará o ataque cardíaco? Um ataque desses é a definição do sucesso.

Todas as pessoas prósperas terão ataques cardíacos; elas precisam ter. Todo o seu sistema está sobrecarregado de elementos nocivos: ambição, desejo, futuro, amanhã, o que nunca está presente. Você viveu sonhando; agora o seu sistema não pode tolerar mais isso. E você permanece tão tenso quanto ao futuro que a tensão se tornou o seu próprio estilo de vida. Ela é um hábito profundamente enraizado.

Aos 42 anos, ocorre de novo uma ruptura. A pessoa começa a pensar na religião, no outro mundo. A vida parece ultrapassá-la, e há tão pouco tempo – como alcançar Deus, o nirvana, a iluminação? Daí a teoria da reencarnação: "Não tenha medo. Você vai renascer várias vezes, e a roda da vida continuará girando e girando. Não tenha medo: há bastante tempo, há bastante eternidade – você pode alcançá-la."

Eis por que na Índia nasceram três religiões – o Jainismo, o Budismo e o Hinduísmo – e elas não concordam em nenhum outro ponto além da reencarnação. Essas teorias divergentes não concordam nem sequer sobre os fundamentos básicos de Deus, da natureza do ser... mas todas concordam sobre a teoria da reencarnação. Deve haver alguma razão para isso. Elas todas precisam do tempo porque, para chegar ao Brahman – os hindus o chamam assim –, é preciso muito tempo. Essa é uma grande ambição, e só com a idade de 42 anos é que você fica interessado nisso. Restam apenas 28 anos.

E esse é apenas o começo do interesse. Na realidade, aos 42 anos você se torna novamente uma criança no mundo da religião e só restam 28 anos. O tempo parece muito curto, insuficiente para chegar a essas alturas – o Brahman, como os hindus o chamam. Os jainas chama isso de *moksha*, liberdade absoluta de todos os karmas passados. Mas milhares e milhões de vidas estiveram lá no passado. Em 28 anos, como você vai conseguir? Como você desfará todo o passado? Esse longo passado está ali, karmas ruins e bons – como você vai se purificar de todos os seus pecados em 28 anos? Parece injusto! Deus está exigindo muito, não é possível. Você se sentirá frustrado se só 28 anos lhe forem dados. E os budistas, que não acreditam em Deus, que não acreditam na alma – eles também acreditam na reencarnação. No nirvana, no vazio final, no vazio total... depois de permanecer cheio de tanto lixo por tantas vidas, como você vai depor esse fardo em 28 anos? Isso é demais, parece uma tarefa impossível. Assim, todos concordam com uma coisa: que é necessário mais futuro, que é necessário mais tempo.

> Um homem ambicioso tem de ter úlceras no estômago: a ambição morde, ela se alimenta de você. A úlcera não faz nada senão devorá-lo. As úlceras são as marcas da ambição.

Sempre que você tem uma ambição, o tempo é necessário. E para mim uma pessoa religiosa é a que não precisa de tempo. Ela está livre aqui e agora; alcança o Brahman aqui e agora; está livre, iluminada, aqui e agora. O homem religioso não precisa de tempo porque a religião acontece num momento intemporal. Acontece agora, sempre acontece agora; nunca aconteceu de outra maneira. De nenhum outro modo aconteceu.

Aos 42 anos surge o primeiro desejo, vago, não claro, confuso. Você nem sequer está ciente do que está acontecendo, mas você começa a olhar para o templo com grande interesse. Algumas vezes como um visitante casual, você também vai à igreja. Às vezes – tendo tempo, não estando fazendo nada – você começa a olhar a Bíblia que sempre esteve se enchendo de pó em cima da mesa. Um desejo vago, não precisamente claro, assim como a criancinha que não tem noção do que seja sexo começa a brincar com o órgão sexual, sem saber o que está fazendo. Um impulso vago... Às vezes, a pessoa se senta sozinha, calada, de repente se sente em paz, sem saber o que está fazendo. Às vezes, a pessoa começa a repetir um mantra ouvido na infância. A velha avó costumava fazer isso; sentindo-se tensa, a pessoa começa a repeti-lo. Ela começa a buscar, procurar um guru, alguém que a guie. A pessoa toma a iniciativa, começa a aprender um mantra, às vezes o repete, então de novo esquece durante alguns dias, novamente o repete... uma procura vaga, um tatear.

Por volta do quadragésimo nono ano, a procura se torna clara; sete anos são necessários para a procura se tornar clara. Agora, uma determinação vem à luz. Você não está mais interessado nos outros, principalmente se tudo deu certo – e eu tenho de repetir isso várias vezes porque nunca dá certo – na idade de 49 anos a pessoa fica desinteressada com relação às mulheres. Uma mulher fica desinteressada no que concerne aos homens – a menopausa, o quadragésimo nono ano. O homem não se sente como um ser sexuado. Tudo parece um pouco infantil, tudo parece um pouco imaturo.

Mas a sociedade pode forçar as coisas... No Oriente, eles foram contra o sexo e o reprimiram. Quando o menino tem catorze anos, eles estão reprimindo o sexo e querem acreditar que o menino ainda é uma criança, que não pensa em meninas. Outros meninos talvez – estes meninos sempre podem ser achados no bairro – mas nunca o seu filho; ele é inocente como uma criança, como um anjo. E ele *parece* muito inocente, mas não é verdade – ele fantasia. A menina entrou na consciência dele, tem de entrar, é natural – e ele tem de esconder isso. Ele começa se masturbando e tem de esconder isso. Ele ejacula dormindo e tem de esconder isso.

No Oriente, o menino de catorze anos passa a ser culpado. Algo errado está acontecendo – só para ele, porque ele não pode saber que todo mundo em toda parte está fazendo o mesmo. E espera-se muito dele – que ele continue a ser um anjo, virgem, sem pensar em meninas, nem mesmo sonhar com elas. Mas ele passou a interessar-se – a sociedade o está reprimindo.

No Ocidente, essa repressão desapareceu, mas apareceu outra – e isso tem que ser entendido porque se trata de uma intuição minha, a de que a sociedade nunca pode ser não-repressora. Se ela deixa de lado uma forma de repressão, imediatamente começa outra. Agora a repressão está perto da idade de 49 anos no Ocidente: as pessoas são obrigadas a fazer sexo porque toda a doutrina reza, "O que está fazendo? O homem pode ser sexualmente potente até a idade de noventa!" Grandes autoridades estão dizendo isso. E se você é impotente e não está interessado, você começa a se sentir culpado. Aos 49 anos, o homem começa a se sentir culpado por não fazer amor tanto quanto deveria.

E há professores que seguem ensinando, "Isso é tolice. Você pode fazer amor, você pode fazer amor até os noventa anos. Continue fazen-

Os Ciclos de Sete Anos de Vida

do amor". E eles dizem que, se você não fizer amor, ficará impotente; se continuar fazendo, seus órgãos continuarão funcionando. Se você parar, eles pararão, e se você parar com o sexo, sua energia vital diminuirá, e você vai morrer logo. Se o marido parar, a mulher irá lhe dizer: "O que você está fazendo?" Se a mulher parar, o marido lhe dirá: "Isso é contrário ao que dizem os psicólogos, e pode criar algum tipo de perversão."

No Oriente, cometemos uma estupidez, e no Ocidente também, no passado, eles cometeram a mesma estupidez. Ia de encontro à religião o fato de uma criança de catorze anos se tornar sexualmente ativa – o que acontece naturalmente. A criança não pode fazer nada, está além do seu controle. O que ela pode fazer? Como pode fazê-lo? Tudo o que se ensina sobre celibato aos catorze anos é estúpido, você está reprimindo a pessoa. Mas as velhas autoridades, tradições, gurus, antigos psicólogos e pessoas religiosas – eles eram todos contra o sexo, toda a autoridade era contra o sexo. A criança era reprimida, a culpa era criada. A natureza não era aceita.

Agora, só o oposto está acontecendo no outro extremo. Aos 49 anos, os psicólogos estão forçando as pessoas a continuar a fazer amor; caso contrário, perderão a vida. Como aos catorze anos o sexo surge naturalmente, aos 49 ele declina naturalmente. Tem de declinar, porque todo círculo deve se completar.

A sociedade nunca pode ser não-repressora. Se ela deixa de lado uma forma de repressão, imediatamente começa outra. Agora a repressão está perto da idade de 49 anos no Ocidente: as pessoas são obrigadas a fazer amor. O homem começa a se sentir culpado por não fazer amor tanto quanto deveria.

Eis por que na Índia decidimos que aos cinqüenta anos o homem deve começar a se tornar um *vanprasth*; seus olhos devem se voltar para a floresta, suas costas para o mercado. *Vanprasth* é uma palavra bonita; significa aquele que começa a olhar para o Himalaia, para a floresta. Agora, suas costas se voltam para a vida, para as ambições, os desejos e tudo isso – ponto final. Ele começa a avançar rumo à solidão, à sua própria condição de ser.

Antes disso, a vida era excessiva e ele não podia estar só; havia responsabilidades a serem cumpridas, filhos a serem educados. Agora eles cresceram. Estão casados – quando você tem 49 anos, seus filhos estão se casando, se adaptando. Eles não são mais *hippies*, devem estar chegando à idade de 28 anos. Eles vão se estabelecer – agora você pode perder a estabilidade. Pode ir além da sua casa, virar um sem-teto. Aos 49 anos, a pessoa deveria começar a olhar para a floresta, a mergulhar dentro de si, a ficar introvertida, cada vez mais meditativa e dada às orações.

Aos 56 anos dá-se outra mudança, uma revolução. Agora não basta olhar para o Himalaia; a pessoa tem que viajar de verdade, tem que ir. A vida está terminando, a morte se aproxima. Aos 49 anos, a pessoa se desinteressa pelo outro sexo. Aos 56, a pessoa deveria se desinteressar pelos outros, pela sociedade, pelas formalidades sociais, pelo clube. Aos 56, a pessoa deveria renunciar a todos os Rotaries, a todos os Lions; isso parece tolice agora, parece infantil. Vá a algum Rotary Club ou Lions Club e veja as pessoas, vestidas com suas gravatas e tudo o mais – parece uma coisa infantil. O que eles estão fazendo? Lions – o próprio nome parece tolo. Bom

>
> Como aos catorze anos o sexo surge naturalmente, aos 49 ele declina naturalmente. Tem de declinar, porque todo círculo deve se completar.

para uma criancinha – agora eles têm clubes dos "Leõezinhos" para as criancinhas e, para as mulheres, clubes da "Leoa". Para os "leõezinhos" está perfeitamente certo, mas para leões e leoas... Isso mostra que as mentes são medíocres.

Aos 56 anos, a pessoa deveria ser madura para se desembaraçar de todos os compromissos sociais. Ponto final! A pessoa já viveu bastante, aprendeu bastante; agora, ela agradece a todos e vai embora. Cinqüenta e seis anos é a época em que a pessoa deveria tornar-se naturalmente um *sannyasin*. A pessoa deveria se valer de *sannyas*, deveria renunciar, é natural – assim como você entra, deve renunciar. A vida deve ter uma entrada e também uma saída; caso contrário, será sufocante. Você entra e nunca sai, e então você diz que está sufocado, em agonia. Há uma saída, e essa é *sannyas* – você sai da sociedade. Você não está nem um pouco interessado nos outros aos 56 anos.

Aos 63 anos, você se torna novamente uma criança, interessado apenas em si mesmo. Eis o que é a meditação – estar se voltando para dentro, como se tudo o mais se houvesse desfeito e só você existisse. Novamente, você virou uma criança – é claro, muito mais enriquecida pela vida, muito mais amadurecida, compreensiva, dotada de grande inteligência. Agora você fica inocente de novo. Começa a voltar-se para dentro. Só restam sete anos, e você tem de se preparar para a morte. Tem que estar pronto para morrer.

E o que é estar pronto para morrer? Morrer celebrando. Morrer feliz, alegremente, de boa vontade, dando boas-vindas, é estar pronto. Deus deu-lhe a oportunidade de aprender, e você aprendeu. Agora você gostaria de descansar. Gostaria de ir para a derradeira morada. Foi uma estada breve. Você vagou numa terra estranha, viveu com pessoas estranhas, amou estranhos e aprendeu muito. Agora é chegada a hora: o príncipe precisa voltar a seu próprio reino.

Sessenta e três é a época em que a pessoa fica completamente fechada em si mesma. Toda a energia se volta para dentro, recolhe-se. Você vira um círculo de energia, sem ir a lugar nenhum. Nem ler, nem falar muito. Cada vez mais silencioso, mais consigo mesmo, permanecendo totalmente independente de tudo aquilo ao seu redor. Aos poucos, a energia declina.

Por volta dos setenta anos, você está pronto. E se seguiu esse padrão natural, pouco antes da sua morte – nove meses antes dela – você se dará conta de que a morte está chegando. Assim como a criança tem de passar nove meses no útero da mãe, o mesmo círculo se repete totalmente. Mais ou menos perto da morte, nove meses antes, você se dará conta. Agora você está entrando novamente no útero. Este não é mais o da mãe, esse útero está dentro de você.

Os indianos chamam o principal santuário de um templo de *garbha*, útero. Quando você vai para um templo, a parte mais recôndita dele é chamada de útero. É chamada assim, simbolicamente, de maneira deliberada; esse é o útero em que a pessoa deve entrar. Na última fase – nove meses – a pessoa entra em si mesma, o corpo da pessoa se torna o útero. Ela passa ao santuário mais íntimo, onde a chama sempre esteve queimando, onde sempre houve luz, onde fica o templo, onde deus sempre viveu. Esse é o processo natural.

Para esse processo natural, nenhum futuro é necessário. Você precisa estar vivendo naturalmente *esse* momento. O momento seguinte advirá dele por si mesmo. Da mesma maneira que uma criança cresce e se torna um jovem – não há nenhuma necessidade de planejar isso; a pessoa simplesmente se torna. É natural, acontece. Assim como um rio flui para o oceano – da mesma forma – você flui e chega ao fim, ao oceano. Mas a pessoa deveria permanecer natural, flutuando e no momento que está vivendo. Quando você começa a pensar sobre o futuro, as ambições e o desejo, esse momento está lhe escapando. E esse momento que foge criará a perversão, porque você sempre sentirá falta de algo; haverá uma lacuna.

Se uma criança não viveu bem a infância, então essa infância não vivida entrará em sua juventude – porque, para onde irá? Ela tem de ser vivida. Quando uma criança tem quatro anos e dança e salta e corre, caçando borboletas, isso é uma coisa bela. Mas quando um jovem de vinte anos corre atrás de borboletas, ele está louco – então você tem de interná-lo num hospital; ele é um doente mental. Não havia nada errado com isso aos quatro anos; era apenas natural, era a coisa a fazer. Era a coisa *certa* a fazer – se a criança não está correndo atrás de borboletas, algo está errado, ela deve ser levada ao psicanalista. Então estava certo. Mas quando ela tem vinte anos e corre atrás de borboletas, então deve-se suspeitar que algo deu errado; ela não cresceu. O corpo cresceu, a mente está ficando para trás. Deve estar em algum lugar na sua infância – não deixaram que ela a vivesse completamente. Se a criança vive a infância completamente, ela se tornará um jovem bonito, puro, não contaminado pela infância. Deixará a infância como uma cobra deixa a pele. Sairá dela revigorado. Terá a inteligência de um jovem e não será um retardado.

Viva a juventude completamente. Não dê ouvidos às antigas autoridades, simplesmente tire-as do caminho. Não lhes dê ouvidos – porque elas matam a juventude, reprimem a juventude. São contra o sexo, e se alguma sociedade é contra o sexo, então este se espalhará por toda a sua vida, se tornará veneno. Viva-o! Desfrute-o!

> Você precisa estar vivendo naturalmente *esse* momento. O momento seguinte advirá dele por si mesmo. Da mesma maneira que uma criança cresce e se torna um jovem – não há nenhuma necessidade de planejar isso; a pessoa simplesmente se torna. É natural, acontece.

Entre o décimo quarto e o vigésimo primeiro ano, o menino está no ápice de sua sexualidade. De fato, perto dos dezessete ou dezoito ele alcança o ápice da sexualidade. Ele nunca mais será tão potente, e se esses momentos se perdem, ele nunca chegará ao orgasmo que poderia ter sido alcançado perto dos dezessete ou dezoito anos.

Estou sempre em dificuldade, porque a sociedade obriga as pessoas a permanecer no celibato pelo menos até o vigésimo primeiro ano – isso significa que a maior possibilidade de consumação do sexo, de aprendizado do sexo e de integração no sexo se perderá. Quando você chega aos 21, 22, você já está velho no que concerne ao sexo. Perto dos dezessete, você estava no ápice – era tão potente, tão poderoso, que o orgasmo, o orgasmo sexual, se teria espalhado em todas as suas células. Todo o seu corpo teria tomado um banho de eterna felicidade. E quando eu digo que o sexo pode se tornar *samadhi*, superconsciência, não digo isso para pessoas que estão com setenta anos, lembre-se disso; digo isso para pessoas que estão com dezessete anos. Sobre o meu livro *From Sex to Superconsciousness*...* os anciãos se dirigem a mim e dizem, "Lemos o seu livro mas nunca chegamos a algo assim". Como podem chegar? Eles deixaram escapar a época, e ela não pode ser substituída. E eu não sou responsável; a sua sociedade é responsável e você deu ouvidos a ela.

Se entre os catorze e os 21 se permite a uma criança fazer sexo livremente, de maneira absolutamente livre, ela nunca terá problemas com relação ao sexo. Será completamente livre. Não ficará folheando revistas como *Playboy* e *Playgirl*. Não esconderá fotografias feias e obscenas no armário nem na Bíblia. Não se desviará do seu caminho para insultar as mulheres, nem lhes beliscará o traseiro. Essas coisas são feias simplesmente feias – mas você continua tolerando-as sem sentir o que está acontecendo, porque todo mundo é neurótico.

---

* *Do sexo à superconsciência*, publicado pela Editora Cultrix, S. Paulo, 1984.

Os Ciclos de Sete Anos de Vida

Quando você tem uma chance de se esfregar contra o corpo de uma mulher, você nunca perde essa chance – que coisa feia! Esfregar-se contra um corpo? Algo continuou não resolvido em você. E quando um ancião olha com olhos lascivos, não há nada comparado a isso; é a coisa mais feia do mundo quando um ancião tem lascívia nos olhos. Estes deveriam ser inocentes, isso já deveria ter acabado. Veja bem: não é que o sexo seja algo feio – eu não estou dizendo que o sexo é feio. O sexo é bonito na sua época e estação, e o sexo é feio fora da estação, da época. O sexo é uma doença quando está num homem de noventa anos. Eis por que as pessoas dizem "velho sujo". Quando isso acontece, o sexo *é* sujo.

Um jovem é bonito, *sexy*. Ele demonstra vitalidade, vida. O velho, quando dado ao sexo, demonstra uma vida não vivida, uma vida vazia, imatura. Ele perdeu a oportunidade e agora não pode fazer nada, mas continua pensando, ruminando sobre sexo, fantasiando.

Lembre-se: entre o décimo quarto e o vigésimo primeiro ano, uma sociedade certa permitirá liberdade absoluta quanto ao sexo. E então a sociedade se tornará menos sexual automaticamente; além de um certo período não haverá nenhum sexo.

Quando eu digo que o sexo pode se tornar *samadhi*, superconsciência, não digo isso para pessoas que estão com setenta anos, lembre-se disso; digo isso para pessoas que estão com dezessete anos.

Não haverá doenças. Viva o sexo quando o momento for oportuno; esqueça-o quando o momento tiver passado. Mas você só pode fazer isso se você viveu; caso contrário, você não pode esquecer nem perdoar. Você se apegará, isso se tornará uma chaga por dentro.

No Oriente não dê ouvidos às autoridades, não importa o que digam. Dê ouvidos à natureza – quando ela fala que é hora de amar, amar. Quando a natureza fala que é hora de renunciar, renunciar. E não dê ouvidos aos psicanalistas e psicólogos tolos do Ocidente. Por mais aprimorados que sejam os instrumentos que eles usam – Masters e Johnson e outros – e por muitas que sejam as vaginas que eles têm testado e examinado, eles não conhecem a vida.

Na realidade, eu suspeito que esses Masterses e Johnsons e Kinseys são *voyeurs*. Eles próprios são doidos por sexo; caso contrário, quem se incomodaria em examinar mil vaginas com instrumentos – observar o que está acontecendo dentro quando uma mulher faz amor? Quem se incomodaria? Que tolice! Mas quando as coisas se pervertem, isso acontece. Agora os Masterses e Johnsons viraram peritos, as autoridades máximas. Se você estiver tendo algum problema sexual, então eles são as autoridades máximas a quem recorrer. Suspeito que eles perderam a juventude deles, não viveram sua vida sexual corretamente. Em algum lugar, algo está faltando e eles estão compensando isso com esses truques.

E quando uma coisa está sob a roupagem da ciência, você pode fazer algo. Agora eles fizeram pseudopênis elétricos e estes continuam vibrando em vaginas reais, e eles continuam tentando descobrir o que está acontecendo por dentro, se o orgasmo é do clitóris ou vaginal, ou

> Se entre os catorze e os 21 se permite a um jovem fazer sexo livremente, de maneira absolutamente livre, ele nunca terá problemas com relação ao sexo. Será completamente livre. Não ficará folheando revistas como *Playboy* e *Playgirl*. Não esconderá fotografias feias e obscenas no armário nem na Bíblia.

quais hormônios estão fluindo, quais hormônios não estão fluindo, e por quanto tempo a mulher pode fazer amor. Eles dizem, para completar – a mulher pode fazer amor até no leito de morte.

Na realidade, eles sugerem que depois da menopausa a mulher pode fazer amor melhor do que nunca – ou seja, depois dos 49 anos. Por que eles dizem isso? Porque, eles dizem, antes dos 49, a mulher sempre tem medo de engravidar. Mesmo que ela esteja tomando pílulas, nenhuma delas é cem por cento garantida; há certo medo. Por volta dos 49 anos, quando tem início a menopausa e a menstruação se interrompe, então não há nenhum medo; a mulher está completamente livre. Se a doutrina deles se espalhar, as mulheres vão se tornar vampiros; as mulheres de idade perseguirão os homens porque agora elas não têm medo e a autoridade sanciona isso. Na realidade, eles dizem que agora é o momento propício para desfrutar – sem nenhuma responsabilidade.

E também os homens, eles continuam dizendo a mesma coisa. Eles topam com um homem que com sessenta anos pode fazer amor cinco vezes por dia. Esse homem parece uma extravagância. Algo está errado com seus hormônios e com seu corpo. Aos sessenta anos! Ele não é natural, porque, de acordo com o meu ponto de vista – e digo isso em função da minha própria experiência em muitas vidas, posso lembrá-las – aos 49 anos um homem natural não está interessado em mulheres; o interesse acaba. Assim como vem, vai.

O jovem é bonito, sexual. Ele demonstra vitalidade, vida. O velho, quando dado ao sexo, demonstra uma vida não-vivida, uma vida vazia, imatura. Ele perdeu a oportunidade e agora não pode fazer nada, mas continua pensando, ruminando sobre sexo.

Tudo o que vem tem de ir. Tudo o que se ergue tem de cair. Toda onda que se levanta tem de desaparecer; deve haver uma época em que ela desaparece. Aos catorze ela vem; aos 49, mais ou menos, ela se vai. Mas um homem fazendo amor cinco vezes por dia aos sessenta! – algo está errado. Algo está mesmo muito errado; o corpo dele não está funcionando corretamente. É o outro extremo da impotência, o outro extremo. Quando um menino de catorze anos não sente a atração do sexo, nem um jovem de dezoito tem desejo, algo está errado – tem de ser tratado. Quando um homem de sessenta anos precisa fazer amor cinco vezes por dia, algo está errado. O corpo dele tornou-se frenético; não está funcionando correta e naturalmente.

> Suspeito que esses Masterses e Johnsons e Kinseys são *voyeurs*. Eles próprios são doidos por sexo; caso contrário, quem se incomodaria em examinar mil vaginas com instrumentos – observar o que está acontecendo dentro quando a mulher faz amor? Quem se incomodaria?

Se você vive inteiramente o momento, então não há nenhuma necessidade de se preocupar com o futuro. Uma infância vivida corretamente o leva a uma juventude equilibrada e madura – fluindo, vital, animada, um oceano selvagem de energia. Uma juventude vivida corretamente leva-o a uma vida bem estabelecida, calma e tranqüila. Uma vida tranqüila e calma leva-o a uma investigação religiosa: o que é a vida? Viver não é bastante; a pessoa tem de penetrar o mistério. Uma vida calma e tranqüila leva-o a momentos de meditação. Esta o leva a renunciar a tudo o que é inútil agora, ao que é apenas lixo, refugo. Toda a vida se torna lixo; só uma coisa sempre permanece, eternamente valiosa, e ela é a sua consciência.

Os Ciclos de Sete Anos de Vida

Por volta dos setenta anos, quando você está pronto para morrer – se você viveu tudo corretamente, no momento certo, nunca procrastinando, nunca fazendo planos para o futuro, você viveu totalmente no momento, independentemente do que ele tenha sido – nove meses antes da sua morte, você se tornará consciente. Você chegou a uma grande consciência, você pode ver que agora a morte está próxima.

Muitos santos anunciaram a morte deles de antemão, mas eu não deparei um único exemplo em que a morte fosse anunciada antes de nove meses. Exatamente nove meses antes, um homem de consciência, não sobrecarregado de passado... porque uma pessoa que nunca pensa no futuro nunca pensará no passado. Eles estão juntos; o passado e o futuro estão juntos, unidos. Quando você pensa no futuro, ele não é nada senão a projeção do passado; quando você pensa no passado, isso não é nada senão tentar planejar o futuro – eles estão juntos. O presente está fora de ambas as coisas – o homem que vive neste momento, aqui e agora, não está sobrecarregado de passado nem de futuro, ele permanece sem um fardo. Não tem nenhum fardo para carregar; ele se movimenta sem peso. A gravidade não o afeta. Na realidade, ele não anda, ele voa. Ele tem asas. Antes que morra, exatamente nove meses antes, ele se tornará consciente de que a morte está a caminho.

> O homem que vive neste momento, aqui e agora, não está sobrecarregado de passado nem de futuro; ele permanece sem um fardo. Não tem nenhum fardo para carregar; ele se movimenta sem peso. A gravidade não o afeta. Na realidade, ele não anda, ele voa. Ele tem asas.

E ele desfrutará e celebrará e dirá às pessoas, "Meu navio está a caminho, só vou ficar mais algum tempo neste banco de areia. Logo irei para a minha casa. Esta vida foi bela, uma experiência estranha. Amei, aprendi, vivi muito, sinto-me enriquecido. Cheguei aqui sem nada e partirei com muita experiência, muita maturidade". Ele será grato a tudo o que aconteceu – ao bem e ao mal, ao certo e ao errado, porque com tudo isso ele aprendeu. Não só com o certo; com o errado também – os sábios que ele conheceu, aprendeu com eles, e os pecadores, sim, aprendeu com eles também. Todos ajudaram. As pessoas que o roubaram ajudaram, as pessoas que o ajudaram, ajudaram. As pessoas que foram amigas ajudaram, as que foram inimigas ajudaram – todo mundo ajudou. O verão e o inverno, a satisfação e a fome, tudo ajudou. A pessoa pode ser grata a tudo.

Quando a pessoa é grata a tudo e está pronta para morrer, celebrando a oportunidade que lhe foi dada, a morte se torna bela. Então a morte não é o inimigo, é o melhor amigo, porque é o crescendo da vida. É o cume mais alto que a vida alcança. Não é o fim da vida, é o clímax. Parece o fim porque você nunca conheceu a vida – para alguém que conheceu a vida, ela é como o próprio crescendo, o próprio cume, o cume mais alto.

> Quando a pessoa é grata a tudo e está pronta para morrer, celebrando a oportunidade que lhe foi dada, a morte se torna bela. Então a morte não é o inimigo, é o melhor amigo, porque é o crescendo da vida. É o cume mais alto que a vida alcança.

A morte é a culminação, a realização. A vida não termina nela; na realidade, a vida floresce nela – é a flor. Mas para conhecer a beleza da morte a pessoa tem de estar pronta para ela, tem de aprender a arte.

A RELAÇÃO MADURA

DEPENDÊNCIA, INDEPENDÊNCIA, INTERDEPENDÊNCIA

O amor pode ter três dimensões. Uma é a da dependência; eis o que acontece à maioria das pessoas. O marido é dependente da esposa, a esposa é dependente do marido; eles exploram um ao outro, dominam um ao outro, possuem um ao outro, reduzem um ao outro a uma mercadoria. Em 99 por cento dos casos, isso é o que está acontecendo no mundo. Eis por que o amor, que pode abrir as portas do paraíso, abre apenas as portas do inferno.

A segunda possibilidade é o amor entre duas pessoas independentes. Isso também acontece de vez em quando. Mas isso também traz infelicidade, porque há um conflito constante. Nenhuma adaptação é possível; os dois são muito independentes, e ninguém está pronto para se comprometer, para se adaptar ao outro.

Os poetas, os artistas, os pensadores, os cientistas, os que vivem num tipo de independência, pelo menos mentalmente, são pessoas cuja convivência é impossível; são pessoas excêntricas. Dão liberdade ao outro, mas a liberdade deles parece mais indiferença do que liberdade;

dá a impressão de que eles não se preocupam, de que não se importam. Eles se entregam mutuamente ao seu próprio espaço. A relação parece ser apenas superficial; eles têm medo de se aprofundar mais uns nos outros porque estão mais ligados à própria liberdade do que ao amor, e eles não querem se comprometer.

E a terceira possibilidade é a da interdependência. Isso acontece muito raramente; mas sempre que acontece, uma parte do paraíso cai na terra. Duas pessoas, nem independentes nem dependentes, mas numa grande sincronicidade, como que respirando no mesmo corpo, uma alma em dois corpos – sempre que isso acontece, acontece o amor. Só isso se pode chamar de amor. As outras duas formas não são realmente amor, são apenas vínculos – sociais, psicológicos, biológicos, mas vínculos. A terceira forma é algo espiritual.

> Os poetas, os artistas, os pensadores, os cientistas, os que vivem num tipo de independência, pelo menos mentalmente, são pessoas cuja convivência é impossível; são pessoas excêntricas. Dão liberdade ao outro, mas a liberdade deles parece mais indiferença do que liberdade.

NECESSITAR E DOAR, AMAR E TER

C. S. Lewis dividiu o amor nestes dois tipos: "amor-necessidade" e "amor-dádiva". Abraham Maslow também divide o amor em dois tipos. O primeiro ele chama de "amor-deficiência" e o segundo de "amor-ser". A distinção é significativa e precisa ser entendida.

O "amor-necessidade" ou o "amor-deficiência" depende do outro; é o amor imaturo. Na realidade, não é verdadeiro amor – é uma necessidade. Você usa o outro, você usa o outro como um meio. Você explora, manipula, domina. Mas o outro é limitado, o outro é quase destruído. E exatamente o mesmo está sendo feito pelo outro. Ele está tentando manipular você, dominá-lo, possuí-lo, usá-lo. Usar outro ser humano implica desamor. Assim, só parece amor; é uma moeda falsa. Mas isso é o que acontece a quase 99 por cento das pessoas porque a primeira lição de amor que você aprende é na sua infância.

Uma criança nasce, ela depende da mãe. Seu amor para com a mãe é um "amor-deficiência" – ela precisa da mãe, não pode sobreviver sem a mãe. Ela ama a mãe porque ela é a sua vida. De fato, não é realmente amor – ela amará qualquer mulher, quem quer que a proteja, quem quer que a ajude a sobreviver, quem quer que satisfaça suas necessidades. A mãe é um tipo de alimento de que ela se serve. Não é apenas leite que ela obtém da mãe; é amor também – e isso também é uma necessidade. Milhões de pessoas continuam crianças por toda a vida; elas jamais crescem. Crescem em idade mas nunca em mentalidade;

A interdependência acontece muito raramente, mas sempre que acontece, uma parte do paraíso cai na terra. Duas pessoas, nem independentes nem dependentes, mas em grande sincronicidade, como que respirando no mesmo corpo, uma alma em dois corpos – sempre que isso acontece, acontece o amor.

a psicologia delas permanece pueril, imatura. Estão sempre precisando de amor, estão sempre ansiando por ele como por comida.

O homem amadurece no momento em que começa a amar em vez de necessitar. Ele começa a transbordar, a partilhar; ele começa a dar. A ênfase é totalmente diferente. Com o primeiro, a ênfase está em como adquirir mais. Com o segundo, a ênfase está em como dar, em como dar mais, em como dar incondicionalmente. Trata-se do crescimento, da maturidade, chegando até você. Uma pessoa madura dá. Só uma pessoa madura pode dar, porque só uma pessoa madura tem. Então, o amor não é dependente. Você pode estar amando quer o outro esteja ou não amando. O amor não é uma relação, é um estado.

O que acontece quando uma flor floresce numa floresta densa sem ninguém para apreciar isso, ninguém para tomar conhecimento de sua fragrância, ninguém para passar e dizer "que bela!", ninguém para sentir-lhe a beleza, a alegria, ninguém para partilhar – o que acontece à flor? Morre? Sofre? Fica apavorada? Comete suicídio? Ela continua a florescer, simplesmente continua a florescer. Não faz nenhuma diferença se alguém passa ou não; isso é irrelevante. Ela continua espalhando sua fragrância aos ventos. Continua a oferecer sua alegria a Deus, ao todo. Se eu estiver sozinho, então também eu serei tão amável quanto sou quando estou com você. Não é você que está criando o meu amor. Se você estivesse criando o meu amor, então, naturalmente, quando você se fosse, meu amor também haveria de ir-se. Você não está tirando o meu amor de mim; eu é que estou derramando amor sobre você – esse é o "amor-dádiva", é o "amor-ser".

Milhões de pessoas continuam crianças por toda a vida; elas jamais crescem. Crescem em idade mas nunca em mentalidade; sua psicologia permanece pueril, imatura. Estão sempre precisando de amor, estão sempre ansiando por ele como por comida.

E eu realmente não concordo com C. S. Lewis nem com Abraham Maslow. O primeiro tipo que eles chamam de "amor" não é nenhum amor, é uma necessidade. Como pode uma necessidade ser amor? O amor é um luxo. É abundância. É ter tanta vida, que você não sabe o que fazer com ela; assim, você a partilha. É ter tantas canções no coração que você tem de cantá-las – se alguém ouve, não importa. Se ninguém ouve, então você também terá de cantar a sua canção, você terá de dançar a sua dança. O outro pode ter isso, o outro pode perder isso – mas, no que diz respeito a você, ela está fluindo; está transbordando. Os rios não fluem para você; eles estão fluindo quer você esteja lá ou não. Eles não fluem para a sua sede, para os seus campos secos; eles simplesmente estão fluindo. Você pode matar a sua sede e pode não conseguir isso – tudo cabe a você. O rio realmente não estava fluindo para você, o rio estava só fluindo. É um acidente você não conseguir água para o seu campo, é acidental você conseguir água para as suas necessidades.

Quando você depende do outro, sempre há infelicidade. No momento em que você depende, você começa a se sentir infeliz porque a dependência é escravidão. Então você começa a se vingar de modos sutis, porque a pessoa de quem você depender ganha poder sobre você. Ninguém gosta que alguém tenha poder sobre os outros, ninguém gosta de ser dependente porque a depen-

O homem amadurece no momento em que começa a amar em vez de necessitar. Ele começa a transbordar, a partilhar; ele começa a dar. A ênfase é totalmente diferente. Com o primeiro, a ênfase está em como adquirir mais. Com o segundo, a ênfase está em como dar, em como dar mais, em como dar incondicionalmente.

dência mata a liberdade. E o amor não pode florescer na dependência – o amor é uma flor de liberdade; precisa de espaço, precisa de espaço absoluto. O outro não tem de interferir com ele. Isso é muito delicado.

Quando você é dependente, o outro decerto o dominará, e você tentará dominar o outro. Essa é a batalha que prossegue entre os assim chamados apaixonados. Eles são inimigos íntimos, lutando continuamente. Os maridos e as mulheres – o que estão fazendo? O amor é muito raro; a luta é a regra; o amor, uma exceção. E de todo modo eles tentam dominar – até mesmo por meio do amor eles tentam dominar. Se o marido pede à mulher, esta recusa, ela está relutante. Ela é muito avarenta: ela dá mas muito relutantemente, ela quer que você a adule. E esse é o caso com o marido. Quando a esposa está em necessidade e lhe pede, o marido diz que está cansado. No escritório, havia muito trabalho, ele realmente está esfalfado e gostaria de ir dormir.

Essas são maneiras de manipular, de subjugar o outro, de deixá-lo cada vez mais necessitado, de modo que ele fique mais dependente. Naturalmente, as mulheres são mais diplomáticas sobre isso do que os homens, porque o homem já é poderoso. Ele não precisa achar modos sutis e astuciosos para ser poderoso; ele é poderoso. Ele administra o dinheiro – esse é o seu poder. Em termos de músculos, ele é mais forte. Durante séculos, ele condicionou a mente da mulher quanto a ele ser mais poderoso e ela não ter poder. O homem sempre tentou achar uma mulher que, em todos os sen-

Como pode uma necessidade ser amor? O amor é um luxo. É abundância. É ter tanta vida, que você não sabe o que fazer com ela; assim, você a partilha. É ter tantas canções no coração que você tem de cantá-las – se alguém ouve, não importa.

A Relação Madura

tidos, fosse inferior a ele. Um homem não quer se casar com uma mulher mais educada do que ele, porque então o poder está em jogo. Ele não quer se casar com uma mulher que seja mais alta do que ele, porque uma mulher mais alta parece superior. Ele não quer se casar com uma mulher que seja muito intelectualizada, porque nesse caso ela questiona, e o questionamento pode destruir o poder. Um homem não quer uma mulher que seja muito famosa, porque então ele se torna secundário. E por séculos o homem exigiu uma mulher que fosse mais jovem do que ele. Por que a mulher não pode ser mais velha do que você? O que está errado? Mas uma mulher mais velha é mais experiente – isso destrói o poder.

Assim, o homem sempre exigiu uma mulher menor – eis por que as mulheres diminuíram sua estatura. Não há nenhuma razão para elas terem uma estatura menor do que a dos homens; nenhuma razão; elas diminuíram sua estatura porque a mulher menor sempre era escolhida. Aos poucos, isso penetrou-lhes na mente de uma maneira tão profunda, que aconteceu o que aconteceu. Perderam a inteligência, porque uma mulher inteligente não era necessária; uma mulher inteligente era uma extravagância. Você ficará surpreso ao saber que só neste século a altura delas voltou a aumentar. Até mesmo os ossos da mulher estão ficando maiores, o esqueleto está ficando maior. Em apenas cinqüenta anos... particularmente na América. E o cérebro delas também está crescendo, ficando maior do que era; o crânio está ficando maior.

Com a idéia de liberdade para as mulheres, destruiu-se um pouco desse condicionamento. O homem já tinha o poder, de modo que ele não precisava ser muito inteligente, não precisava ser muito indireto. As mulheres não tinham poder. Quando você não tem poder, você tem de ser mais diplomático – isso é um sucedâneo. O único modo de elas se sentirem poderosas era tornando-se necessárias, que o homem necessitasse delas continuamente. Isso não é amor, isso é um negócio, e eles estão continuamente barganhando o preço. É uma luta constante.

C. S. Lewis e Abraham Maslow dividem o amor em dois. Eu não o divido em dois. Eu afirmo que o primeiro tipo de amor é só um nome, uma moeda falsa; não é verdadeiro. Só o segundo tipo de amor é amor.

O amor só acontece quando você está maduro. Você só se torna capaz de amar quando é adulto. Quando você sabe que o amor não é uma necessidade mas um transbordamento – "amor-ser" ou "amor-dádiva" – então você dá sem quaisquer condições.

O primeiro tipo, o assim chamado amor, deriva da necessidade profunda de uma pessoa em relação à outra, enquanto o "amor-dádiva" ou "amor-ser" transborda de uma pessoa madura para outra em função da abundância. A pessoa é inundada com esse amor. Você o possui e ele começa a rodeá-lo, assim como quando você acende um abajur e os raios da luz começam a se propagar na escuridão. O amor é um subproduto do ser. Quando você *é*, você tem a aura do amor em torno de você. Quando você não é, você não tem essa aura ao seu redor. E quando você não tem essa aura ao seu redor, você pede ao outro que lhe dê amor. Repetindo: quando você não tem amor, você pede ao outro que lho dê; você é um mendigo. E o outro está lhe pedindo para dá-lo. Ora, dois mendigos estendendo as mãos um diante do outro, e ambos esperando que o outro tenha algo... Naturalmente, ambos se sentem derrotados e ambos se sentem enganados.

> Quando você não tem amor, você pede ao outro que lho dê; você é um mendigo. E o outro está lhe pedindo para dá-lo. Ora, dois mendigos estendendo as mãos um diante do outro, e ambos esperando que o outro tenha algo... Naturalmente, ambos se sentem derrotados e ambos se sentem enganados.

A Relação Madura

Você pode perguntar para qualquer marido e para qualquer mulher; você pode perguntar para qualquer namorado – eles se sentem enganados. Era uma projeção pensar que o outro o amava – se a sua projeção era errada, o que o outro pode fazer? Sua projeção se desfez; o outro não se mostrou de acordo com a sua projeção, isso é tudo; mas o outro não tem nenhuma obrigação de se mostrar de acordo com as suas expectativas.

E você enganou o outro – esse é o sentimento do outro, porque ele estava esperando que o amor fluísse de você. Ambos estavam esperando que o amor fluísse do outro, e ambos estavam vazios – como o amor pode acontecer? No melhor dos casos, vocês podem ser infelizes juntos. Antes, vocês costumavam ser infelizes sozinhos, separados; agora vocês podem ser infelizes juntos. E lembre-se, sempre que duas pessoas são infelizes juntas, isso não é uma simples adição, é uma multiplicação.

Sozinhos, vocês estavam se sentindo frustrados; agora, juntos, vocês se sentem frustrados. Há algo bom nisso, no sentido de que agora você pode atribuir a responsabilidade ao outro – o outro o está fazendo infeliz; esse é o ponto positivo. Você pode se sentir à vontade. "Nada está errado comigo, mas o outro... O que fazer com essa mulher – detestável, rabugenta? A gente tem que ser infeliz. O que fazer com um marido desses – feio, avarento?" Agora você pode pôr a culpa no outro; você achou um bode expiatório. Mas a infelicidade continua, se multiplica.

Ora, esse é o paradoxo: os que se apaixonam não têm nenhum amor, e por isso se apaixonam. E porque não têm amor, não podem dar amor. E mais – uma pessoa imatura sempre se apaixona por outra pessoa imatura, porque só elas podem entender a linguagem uma da outra. Uma pessoa madura ama uma pessoa madura. Uma pessoa imatura ama uma pessoa imatura.

Você pode continuar trocando de marido ou mulher mil e uma vezes, você achará de novo o mesmo tipo de pessoa e a mesma infelicidade se repetirá – de maneiras diferentes, mas a mesma infelicidade, quase a mesma. Você pode trocar de mulher, mas você não muda – ora, quem vai escolher a nova parceira? Você vai escolher. A escolha advirá novamente da sua imaturidade. Você vai escolher um tipo semelhante de mulher.

O problema básico do amor é, primeiro, amadurecer. Então, você achará um parceiro maduro; as pessoas imaturas não o atrairão. É bem assim. Se você tem 25 anos, você não se apaixona por um bebê de dois anos. Exatamente da mesma maneira, quando você é uma pessoa madura, psicologicamente, espiritualmente, você não se apaixona por um bebê. Isso não acontece. *Não pode* acontecer; você pode perceber que isso não terá sentido.

Na realidade, a pessoa madura não "cai de amores"; amando ela "se ergue". A palavra *cai* não é correta. Só pessoas imaturas caem; elas tropeçam e caem apaixonadas. De alguma forma, estavam controlando as coisas e se mantendo de pé. Agora não podem controlar nada nem ficar de pé – acham uma mulher e eles se vão, acham um homem e se vão. Elas sempre estiveram prontas para cair por terra e rastejar. Não têm a coluna vertebral, a espinha; não têm integridade para ficar sozinhas.

A pessoa madura tem integridade para ficar sozinha. E quando uma pessoa madura dá amor, faz isso sem nenhuma amarra que a ate – ela simplesmente dá. Quando a pessoa madura dá amor, ela se sente grata pelo fato de você ter aceitado o amor dela, não vice-versa. Ela não espera que você seja grato por ele – não, de forma alguma; ela nem sequer precisa dos seus agradecimentos. Ela é grata a você por você ter aceitado o seu amor. E quando duas pessoas maduras estão apaixonadas, um dos maiores paradoxos da vida acontece, um dos fenômenos mais belos: elas estão juntas e ainda se sentem imensamente sós. Estão de tal modo juntas que são quase uma única pessoa; mas sua unidade não destrói a sua individualidade – na realidade, aumenta-a, elas se tornam mais indivi-

A Relação Madura

duais. Duas pessoas maduras e apaixonadas se ajudam uma à outra para se tornarem mais livres. Não há nenhuma política envolvida, nenhuma diplomacia, nenhum esforço para dominar.

Como você pode dominar a pessoa que você ama? Reflita sobre isso – a dominação é um tipo de ódio, de raiva, de inimizade. Como você pode pensar em dominar a pessoa que você ama? Você adoraria ver essa pessoa totalmente livre, independente; você lhe daria mais individualidade. Eis por que eu chamo a isso de o maior paradoxo: elas se sentem tão unidas, que são quase uma pessoa, mas ainda nessa unidade elas são indivíduos. A individualidade delas não é desfeita – aumentou. O outro a enriqueceu no que concerne à liberdade.

As pessoas imaturas que se apaixonam destroem a liberdade uma da outra, criam uma forma de servidão, uma prisão. Pessoas maduras e apaixonadas se ajudam a ser livres; se ajudam mutuamente a destruir todos os tipos de escravidão. E quando o amor flui com liberdade, há beleza. Quando o amor flui com dependência, há feiúra.

O problema básico do amor é, primeiro, amadurecer. Então, você achará um parceiro maduro; as pessoas imaturas não o atrairão. É bem assim.

Lembre-se: a liberdade é um valor superior ao amor. Eis por que na Índia chamamos ao valor máximo *moksha*; *moksha* significa "liberdade". A liberdade é um valor superior ao amor. Assim, se o amor está destruindo a liberdade, ele não é digno. O amor pode ser descartado, a liberdade tem de ser salva – a liberdade é um valor superior. E sem liberdade você nunca pode ser feliz, não é possível. A liberdade é o desejo intrínseco de cada homem, de cada mulher – a liberdade absoluta, a liberdade total. Assim, qualquer coisa que se torne nociva à liberdade é alvo de ódio para a pessoa.

Você não odeia o homem que você ama? Não odeia a mulher que você ama? Você odeia! Esse é um mal necessário, você tem de tolerá-lo. Pelo fato de você não poder estar sozinho, você tem de achar um jeito de ficar com alguém, e tem de se adaptar às exigências do outro. Tem de tolerar, tem de suportá-las.

O amor, para ser realmente amor, tem de ser "amor-ser", "amor-dádiva". O "amor-ser" significa um estado de amor – quando você chegou em casa, quando você soube quem você é, então o amor aflora no seu ser. A fragrância se espalha e você pode dá-la aos outros. Como você pode dar algo que não tem? Para dar amor, a primeira exigência básica é ter amor.

> Quando duas pessoas maduras estão apaixonadas, um dos maiores paradoxos da vida acontece, um dos fenômenos mais belos: elas estão juntas e ainda se sentem imensamente sozinhas. Estão de tal modo unidas que são quase uma única pessoa; mas sua unidade não destrói a sua individualidade.

AMOR E MATRIMÔNIO

Minha sugestão é que o matrimônio deveria acontecer depois da lua-de-mel, nunca antes disso. Só se tudo correr bem, só então o matrimônio deveria acontecer.

A lua-de-mel depois do matrimônio é muito perigosa. Pelo que sei, 99 por cento dos casamentos acabam na época em que a lua-de-mel termina. Então você é pego, não tem como escapar. E toda a sociedade – a lei, o tribunal, todo mundo – está contra você se você deixa a mulher ou se a mulher o deixa. Então toda a moralidade, a religião, o padre, todo mundo está contra você.

De fato, a sociedade deveria criar todos os obstáculos possíveis para o matrimônio e nenhum obstáculo para o divórcio. A sociedade não deveria permitir que as pessoas se casem tão facilmente. O tribunal deveria criar empecilhos – viver pelo menos dois anos com a mulher; então o tribunal pode permitir que você se case. Agora mesmo eles estão fazendo exatamente o contrário. Se você quer se casar, ninguém pergunta se você está pronto ou se se trata apenas de um capricho, só porque você gosta do nariz da mulher. Que tolice! A pessoa não pode viver apenas com um nariz bonito. Depois de dois dias, o nariz será esquecido – quem olha para o nariz da própria mulher? A esposa nunca parece bonita, o marido nunca parece bonito; uma vez que você se familiariza, a beleza desaparece.

Dever-se-ia deixar que duas pessoas vivessem juntas um tempo suficiente para se familiarizarem uma com a outra, para se conhecerem. Antes, mesmo que elas queiram se casar, elas não deveriam poder fazer isso. Assim, os divórcios desapareceriam do mundo. Os divórcios existem porque os casamentos são errados e forçados. Os divórcios existem porque os matrimônios se realizam num clima romântico.

Um clima romântico é bom se você for um poeta – e não se tem notícia de que os poetas dêem bons maridos ou boas esposas. Na realidade, os poetas quase sempre são solteiros; vadiam, mas nunca são apanhados, e, por isso, o romantismo deles continua vivo. Eles prosseguem escrevendo poesia, belas poesias... A pessoa não deveria se casar com uma mulher nem com um

Dever-se-ia deixar que duas pessoas vivessem juntas um tempo suficiente para se familiarizarem uma com a outra, para se conhecerem. Antes, mesmo que elas queiram se casar, elas não deveriam poder fazer isso. Assim, os divórcios desapareceriam do mundo.

homem num estado de espírito poético. Que venha o estado de espírito prosaico, e só então se case. Porque a vida do dia-a-dia se parece mais com a prosa do que com a poesia.

A pessoa deveria amadurecer o bastante. Maturidade significa que a pessoa não é mais uma tola romântica. Ela entende a vida, entende a responsabilidade da vida, os problemas de conviver com alguém. Ela aceita todas essas dificuldades e ainda assim decide viver com alguém. Ela não está esperando que as coisas sejam apenas um paraíso, um mar de rosas. Não se está esperando nenhuma tolice; sabe-se que a realidade é dura, árdua. Há rosas, mas elas são escassas e esporádicas; há muitos espinhos.

>
> A pessoa não deveria se casar com uma mulher nem com um homem num estado de espírito poético. Que venha o estado de espírito prosaico, e só então se case. Porque a vida do dia-a-dia se parece mais com a prosa do que com a poesia.

Quando você ficou ciente de todos esses problemas e ainda assim decidiu que vale a pena arriscar-se e estar com uma pessoa em vez de ficar só, então case. Assim, os casamentos nunca matarão o amor, porque esse amor é realista. O matrimônio só pode matar o amor romântico. E este é o que as pessoas chamam de "namoro de criança". Não se deveria depender disso. A pessoa não deveria pensar nisso como alimento. Isso é bem semelhante ao sorvete – você às vezes pode tomá-lo, mas não depende dele. A vida tem de ser mais realista, mais prosaica.

O casamento em si nunca destrói nada. O matrimônio simplesmente traz à luz tudo o que está escondido em você – traz à luz. Se o amor estiver escondido em você, o matrimônio o trará para fora. Se o amor é apenas uma afetação, uma isca, então cedo ou tarde tem de desaparecer. E a sua realidade, a sua triste personalidade, vem à tona. O matrimônio simplesmente é uma oportunidade; assim, tudo o que você tinha dentro de você virá à luz.

O amor não é destruído pelo casamento. O amor é destruído por pessoas que não sabem amar. O amor é destruído porque, em primeiro lugar, o amor não é amor; você esteve vivendo um sonho. A realidade destrói esse sonho. Caso contrário, o amor é algo eterno, é parte da eternidade. Se você cresce, se você conhece a arte e aceita as realidades da vida do amor, então ele continua crescendo diariamente. O casamento se torna uma grande oportunidade para crescer no amor.

Nada pode destruir o amor. Se ele existe, continua crescendo; mas a minha impressão é a de que, na maioria dos casos, ele não está em primeiro lugar. Você entendeu mal a si mesmo; qualquer outra coisa estava ali – talvez o sexo estivesse ali, talvez atração sexual. Assim, isso vai ser destruído porque, quando você faz amor com uma mulher, a atração sexual desaparece. A atração sexual sempre está ligada ao desconhecido – uma vez que você provou o corpo da mulher ou do homem, então a atração sexual desaparece. Se o seu amor foi apenas atração sexual, então ele está fadado a desaparecer.

> O amor é algo eterno, é parte da eternidade. Se você cresce, se você conhece a arte e aceita as realidades da vida do amor, então ele continua crescendo todos os dias. O matrimônio torna-se uma grande oportunidade para crescer no amor.

Assim, nunca entenda mal o amor por algo mais. Se o amor realmente é amor... O que eu quero dizer quando falo "realmente amor"? Quero dizer que basta estar na presença do outro para você de repente se sentir feliz, basta estar juntos para você se sentir em êxtase; só a presença do outro satisfaz algo profundo no seu coração... algo começa a cantar no seu coração, você entra em harmonia. Só a presença do outro já ajuda os dois a ficarem juntos; você se torna mais individual, mais concentrado, com os pés mais plantados no chão. Isso é amor.

> O amor não é uma paixão, o amor não é nenhuma emoção. O amor é uma compreensão muito profunda de que alguém de algum modo o completa. Alguém faz de você um círculo perfeito. A presença do outro aumenta a sua presença. O amor dá liberdade para ser você mesmo; ele não é possessividade.

O amor não é uma paixão, o amor não é nenhuma emoção. O amor é uma compreensão muito profunda de que alguém de algum modo o completa. Alguém faz de você um círculo perfeito. A presença do outro aumenta a sua presença. O amor dá liberdade para ser você mesmo; ele não é possessividade.

Assim, observe – nunca pense no sexo como amor; caso contrário, você ficará decepcionado. Esteja atento, e quando começar a sentir com alguém que só a presença, a simples presença – nada mais, nada mais é preciso; você não pede nada, só a presença, só que o outro esteja ali, é o bastante para fazê-lo feliz... Algo começa a florescer em você, mil e uma flores de lótus florescem, então você está apaixonado. E pode superar todas as dificuldades que a realidade cria. Muitas angústias, muitas formas de ansiedade – você será capaz de superá-las todas e seu amor estará florescendo cada vez mais, porque todas as situações se tornarão desafios. E o seu amor, ao superá-las, crescerá mais forte.

O amor é eternidade. Se estiver ali, continua crescendo e crescendo. O amor conhece o começo mas não o fim.

OS PAIS E OS FILHOS

Uma criança não só pode nascer por meio de relações sexuais biológicas mas também por meio de um profundo amor próprio de quem medita. Esse tipo de amor significa fundir-se no ser do outro, não só no corpo do outro. Significa pôr o seu ego, a sua religião, a sua ideologia de lado – tornar-se simples e inocente. Se uma criança é concebida por esses pais, então ela não estará condicionada absolutamente.

Há algumas coisas que você precisa entender – eu não posso dar nenhuma prova delas, pois estão além das provas. Só a sua experiência lhe dará a prova.

Por exemplo, o organismo biológico é capaz de transcender-se. Ele transcende em certos momentos. Esses são os momentos mais prezados da mente humana, porque neles você conheceu a liberdade, um eu expandido, um silêncio e uma paz totais; o amor sem a sua contraparte, o ódio, seguindo-o. A esse momento chamamos de orgasmo. A biologia lhe dá o orgasmo; essa é a dádiva mais preciosa da biologia. Você pode usar esses momentos de liberdade, fundindo-se, desaparecendo, para a meditação. Não há nenhum espaço melhor a partir do qual passar à meditação do que o orgasmo. Dois apaixonados sentindo uma alma em dois corpos... tudo parou por ora, até mesmo o tempo parou. Não há pensamentos, a mente parou. Você está na sua simples esseidade, na sua condição de ser. Esta se compõe de pequenos espaços de onde você pode ir além da biologia.

Tudo o que você precisa saber é que isso é que é meditação: intemporalidade, ausência de ego, silêncio, beatitude, alegria contagiante, êxtase avassalador.

Isso aconteceu por meio da biologia entre duas pessoas. Quando você sabe que isso pode acontecer também na sua solidão, você só tem de satisfazer essas condições. Meu ponto de vista é o de que o homem veio a saber sobre a meditação pelo orgasmo, porque na vida não há nenhum outro momento que se aproxime tanto da meditação.

Mas todas as religiões são contra o sexo. Elas são a favor da meditação mas não são a favor do começo, da experiência básica que o levará à meditação. Assim, elas criaram uma humanidade pobre – não apenas materialmente, mas também espiritualmente. Elas condicionaram a sua mente contra o sexo e de tal forma que, sob a pressão biológica, você entra nele, mas nessa pressão você não pode ter a experiência da liberdade do orgasmo, a infinitude que de repente se torna acessível a você – a eternidade no momento, a profundidade, a profundidade abissal da experiência.

Pelo fato de o homem ter sido privado da beatitude do orgasmo, ele se tornou incapaz de saber o que é a meditação. E isso é o que todas as religiões querem: que você nunca pense em meditação – nunca fale sobre isso, nunca leia, pesquise, ouça palestras sobre o assunto... Tudo isso criará mais frustração em você porque você entende tudo intelectualmente sobre meditação, mas não tem nenhuma base existencial, nem mesmo uma gota da experiência que possa provar que, se a gota está ali, o oceano também deve estar em algum lugar.

A gota é a prova existencial do oceano. A biologia é muito mais piedosa do que as igrejas, sinagogas, templos e mesquitas. Embora a biologia seja cega, não é tão cega quanto os seus Moisés, Krishna, Jesus, Maomé. A biologia é a sua natureza; ela não tem senão compaixão por você. Ela deu-lhe tudo o que era possível para você ascender, para alcançar um estado sobrenatural.

O meu ponto de vista é o de que o homem veio a saber sobre a meditação pelo orgasmo, porque na vida não há nenhum outro momento que se aproxime tanto da meditação.

A Relação Madura

Durante toda a minha vida tenho lutado contra os idiotas. Eles não podem responder a mim, ao meu argumento, que é simples: você fala sobre meditação mas terá de dar alguma prova existencial na vida humana; caso contrário, as pessoas ouvirão apenas palavras. Você terá de lhes dar algo que possa alertá-las acerca do que é possível – o amor feito sem nenhuma culpa, sem nenhuma pressa, sem pensar que você está fazendo algo errado. Você estará fazendo a melhor coisa, e a mais certa, do mundo.

É estranho ver que as pessoas podem matar sem nenhuma culpa – não uma, mas milhões de pessoas – mas elas não podem criar um filho sem culpa. Todas as religiões não foram senão uma calamidade. Só faça amor quando estiver pronto para ocupar um espaço próprio para a meditação. E crie uma atmosfera própria para a meditação enquanto estiver fazendo amor. Você deveria tratar esse lugar como sagrado. Criar a vida... o que pode ser mais sagrado? Faça isso da maneira mais bela, harmoniosa e alegre possível. Não deve haver nenhuma pressa. E se os dois apaixonados estão nessa atmosfera exterior e nesse espaço silencioso interior, eles atrairão uma alma absolutamente superior.

A biologia é a sua natureza; ela não tem senão compaixão por você. Ela deu-lhe tudo o que era possível para você subir, para você alcançar um estado sobrenatural.

Você dá à luz uma criança de acordo com o seu estado de amor. Se um pai está desapontado, ele deveria pensar sobre isso: que essa é a criança que ele mereceu. Os pais nunca criam a possibilidade para que uma alma superior e mais evoluída penetre no útero – porque o esperma masculino e o óvulo feminino só criam a oportunidade para a alma penetrar. Eles criam a oportunidade para um corpo, de modo que alguma alma possa encarnar. Mas você só atrairá o tipo de pessoa que a sua atividade sexual tornar possível.

Se o mundo está cheio de idiotas e de pessoas medíocres, você é responsável – quero dizer, os pais são responsáveis. Eles nunca pensaram nisso; seus filhos são acidentais. Não pode haver crime maior do que criar uma vida acidentalmente.

Prepare-se para isso. E a coisa mais importante é entender o momento do orgasmo: irracional, intemporal, irrefletido, só pura percepção. Nessa pura percepção você pode atrair um Gautama Buda. Do modo como você está fazendo amor, não admira que outros Adolf Hitlers, Mussolinis, Stalins, Nadirshahs, Tamerlanes, Genghis Khans sejam atraídos. Você atrai apenas pessoas medíocres. Você tampouco atrai seres inferiores, porque, para tanto, o seu amor tem de ser quase um estupro. Para os seres superiores, o seu amor tem de ser uma meditação.

A vida da criança começa no momento em que a alma penetra no útero. Se ela entrou num espaço próprio para a meditação, é possível ter uma criança sem condicioná-la. Na realidade, a criança que nasceu da meditação não pode ser condicionada; ela se rebelará contra isso. Só as pessoas medíocres podem ser condicionadas.

E um casal capaz de criar um clima propício à meditação enquanto faz amor não é um casal comum. Eles terão respeito para com o filho. Este é um convidado do desconhecido, e você tem de respeitar o convidado. Os pais que não têm respeito para com seus filhos estão fa-

> Só faça amor quando estiver pronto para ocupar um espaço próprio para a meditação. E crie uma atmosfera própria para a meditação enquanto estiver fazendo amor. Você deveria tratar esse lugar como sagrado. Criar a vida... o que pode ser mais sagrado? Faça isso da maneira mais bela, harmoniosa e alegre possível.

dados a destruir a vida deles. Seu respeito, seu amor, sua gratidão quanto a "nos terem escolhido como pais", terão por sua vez um respeito mais profundo, mais gratidão, mais amor.

E quando você ama uma pessoa, não pode condicioná-la. Quando você ama uma pessoa, você lhe dá liberdade, proteção. Quando ama uma pessoa, você não gostaria que ela fosse apenas uma cópia de você mesmo; gostaria que ela fosse uma pessoa única. E, para torná-la única, você tomará todas as providências, criará todos os desafios que estimulam o seu potencial.

Você não a sobrecarregará de erudição, porque você gostaria que ela conhecesse a verdade por si mesma. Qualquer verdade tomada de empréstimo é uma mentira. A menos que ela seja vivida por você, nunca é a verdade.

Você ajudará a criança a viver cada vez mais coisas. Você não lhe contará mentiras, não dirá que existe um Deus – uma mentira, porque você não viu Deus. Seus pais mentiram para você e você está repetindo a mesma mentira para o seu filho. Seus pais o condicionaram, e o que é a sua vida? Uma longa infelicidade do berço ao túmulo. Você quer que a vida do seu filho também seja uma infelicidade, cheia de sofrimento, angústia e desespero?

> O filho é um convidado do desconhecido, e você tem de respeitar o convidado.
> Os pais que não têm respeito para com seus filhos estão fadados a destruir a vida deles. Seu respeito, seu amor, sua gratidão quanto a "nos terem escolhido como pais", terão por sua vez um respeito mais profundo, mais gratidão, mais amor.

Há apenas uma afirmação em toda a Bíblia Sagrada contra a qual eu não me volto. A afirmação é, "Deus pode perdoar tudo, menos o desespero". Quem quer que a tenha escrito deve ter sido um homem de imensa compreensão. Deus só não pode perdoar uma coisa, e ela é o desespero; mas todo mundo está vivendo em desespero – com Deus ou não, o desespero é uma realidade. É autodestruição. Se você amar o seu filho, você o ajudará a se alegrar, a rir, a desfrutar, a dançar; mas só o contrário é que está sendo feito.

Em minha casa, quando eu era pequeno, no momento em que algum convidado estava chegando, eles se livravam de mim, mandando-me para algum lugar. No momento em que começavam a falar sobre me mandar para algum lugar – que eu tinha de ir ver o médico porque eu tive um resfriado durante muitos dias – eu dizia, "Nada feito. Eu sei do meu resfriado e do médico; vou escolher o momento certo para ir. Pelo menos desta vez não posso ir – resfriado ou câncer, dá no mesmo".

Eles diziam, "Mas por quê?" Eu dizia, "Sei que alguém está vindo para casa, e vocês estão com medo". E eles naturalmente tinham medo, porque eu os fazia sentir-se embaraçados. O convidado podia ser uma pessoa importante, e eu podia fazer algo que estragaria toda a relação deles.

Uma vez, comendo, de repente comecei a rir. Toda a família sabia que algo estava fadado a acontecer, porque havia um convidado. Mas este estava chocado. Ele disse, "Por que você está rindo?"

Eu disse, "Não é necessário um motivo para rir. De fato, eu deveria perguntar ao senhor, 'Por que todos vocês estão sentados com cara de desânimo?' O riso tem um valor intrínseco; o desânimo não tem valor nenhum. E desde que o senhor chegou, até mesmo as pessoas da minha família estão parecendo muito tristes, sérias. Eu não entendo o que está errado com o senhor. O senhor cria esse tipo de atmosfera onde quer que vá?"

Eu podia começar a dançar de repente. A conversa entre o convidado e os meus pais parava subitamente, porque eu estava dançando no meio deles. Eles diziam, "Você pode sair e ir brincar".

Eu dizia, "Eu conheço o lugar exato onde dançar. Se o senhor prefere sair, pode ir e ter a sua conversa estúpida – que não significa nada! Falando sobre o tempo e a estação... Você sabe, eu sei. Qual é o problema?"

Nas conversas corteses, as pessoas nunca discutem assuntos controversos, porque isso pode criar algum antagonismo. Elas discutem apenas assuntos não-controvertidos – o tempo... Naturalmente, não há nenhuma controvérsia sobre o tempo. Se está frio, está frio; se está quente, está quente.

"Eu estou dançando aqui apenas para fazê-los perceber que estão desperdiçando o seu tempo. É melhor que se juntem a mim na dança!"

Uma criança sem condicionamento causa embaraço de muitas formas para os pais; mas se eles amam, estarão prontos para fazer qualquer coisa. Mesmo que isso cause embaraço, não há nenhum dano. O seu filho está se tornando um ser único. Eles o ajudarão a permanecer livre, aberto, disponível a um futuro desconhecido.

Eles o ajudarão a ser um buscador, não um crente. Eles não farão dele um cristão, nem um judeu, nem um hindu, nem um maometano, porque todas essas religiões fizeram tanto mal – é mais do que o suficiente. Está na hora de todas as religiões desaparecerem do planeta. As crianças sem condicionamento podem fazer esse milagre acontecer porque amanhã elas serão jovens, maduras e não serão cristãs nem hindus nem maometanas. Serão apenas buscadoras; a busca será a religião delas. Essa é a minha definição de *sannyasin*: procurar, buscar, indagar é a sua religião. As crenças põem um fim a qualquer investigação.

Partilhe com a criança todas as suas experiências. Torne-a consciente de que ela foi concebida num momento de amor e orgasmo, que o amor é uma grande dádiva da existência. E você tem de tornar o amor o ponto central da sua vida, porque só por meio do amor é que você pode ir além da natureza cega no mundo do sobrenatural, onde nenhuma cegueira existe, onde você se torna um vidente.

Sim, é possível ter um filho sem condicionamento e livre, mas isso não é possível apenas por meio da biologia. É possível se você é corajoso o bastante para fazer do amor o seu templo, o seu lugar de meditação. Então, você estará atraindo uma alma que já tem o potencial da singularidade. Depois, lhe dá toda condição para a liberdade, mesmo que esta lhe seja contrária. A liberdade de seu filho é mais valiosa, porque o seu filho é o futuro da humanidade.

Os seus dias se foram – o que importa se o futuro está contra vocês? O que vocês ganharam com o passado? Vocês estão vazios, são mendigos. Querem que seus filhos também sejam vazios e mendigos? Eis o que todo pai está tentando fazer – reproduzir cópias, cópias de carbono. Lembrem-se: a existência só aceita originais. Cópias de carbono não são aceitas.

Deixe que o seu filho tenha o seu rosto original.

Isso pode gerar medo em você, pode criar preocupação em você, mas esses são os seus problemas. De forma alguma iniba a criança. E uma criança que recebeu liberdade – mesmo contra os próprios pais – o respeitará para sempre, permanecerá grata a você para sempre. Agora mesmo, o caso é exatamente o contrário: as crianças estão cheias de raiva, de fúria, de ódio pelos pais, porque o que eles fizeram a elas é imperdoável.

Assim, dando liberdade, permitindo que a criança seja ela mesma, independentemente do que for, aceitando-a no seu eu natural aonde quer que isso leve, você está criando um filho que o amará e respeitará. Vocês não só foram pais e mães comuns; vocês foram doadores de vida, de liberdade, de singularidade. Ele levará para sempre uma bela lembrança em seu coração, e a sua gratidão para com você fará dele alguém absolutamente convicto de que o que lhe foi feito, ele tem de fazer para as gerações futuras.

Se cada geração se comporta com carinho e respeito para com as crianças, e lhes dá liberdade para crescer, toda essa tolice do abismo que separa as gerações desaparecerá. Se você respeitar seus filhos, se for amigo deles, nenhum desses abismos será possível.

SEMPRE É BOM CHEGAR A UM ENTENDIMENTO COM OS PAIS. Essa é uma das coisas básicas. Gurdjieff dizia, "A menos que você esteja em boa comunhão com seus pais, você perdeu a sua vida". Porque isso é algo que tem raízes profundas... Se um pouco de raiva persistir entre você e seus pais, você nunca se sentirá à vontade. Onde quer que esteja, se sentirá um pouco culpado. Nunca poderá esquecer e perdoar. Os pais não são apenas uma relação social. É deles que você vem – você é parte deles, um ramo de sua árvore. Você ainda está enraizado neles.

Quando os pais morrem, algo profundamente enraizado morre em você. Quando os pais morrem, pela primeira vez você se sente só, sem raízes. Assim, enquanto eles estão vivos, dever-se-ia fazer o máximo para que um entendimento pudesse aflorar e você pudesse comunicar-se com eles e eles com você. Então a poeira se assenta e faz-se um acerto de contas. Então, quando eles deixarem o mundo – e o farão algum dia – você não se sentirá culpado, não se arrependerá; você saberá que as coisas foram resolvidas. Eles foram felizes com você; você foi feliz com eles.

A relação de amor começa com os pais e também termina com eles. Ela perfaz um círculo completo. Se em algum lugar o círculo for interrompido, todo o seu ser permanecerá intranqüilo. A pessoa se sente muito feliz quando pode se comunicar com seus pais. Essa é a coisa mais difícil de fazer no mundo porque a lacuna é muito grande. Os pais nunca pensam que você cresceu, de modo que eles nunca se comunicam diretamente com você. Eles simplesmente ordenam a você: "Faça isso" ou "Não faça isso". Eles nunca levam em conta a liberdade, o seu espírito, o ser do filho... Não há respeito. Eles têm por certo que você deve ouvi-los.

A criança se sente muito aborrecida desde pequena porque, sempre que o pai diz "Faça isso" ou "Não faça isso", ela sente que a sua liberdade está sendo cortada. Ela está sendo reprimida. Ela resiste, se ressente, e essa resistência continua como uma chaga. A lacuna fica cada vez maior. É preciso construir uma ponte sobre ela. Se você puder estabelecer o seu relacionamento com a sua mãe, de repente você sentirá que toda a Terra foi ligada por uma ponte. Você está mais enraizado na Terra. Se puder estabelecer relacionamento com o seu pai, você se sentirá familiarizado com o céu. Os pais são simbólicos; são representantes da Terra e do céu. E o homem é como uma árvore que precisa da Terra e do céu.

Se cada geração se comporta com carinho e respeito para com as crianças, e lhes dá liberdade para crescer, toda essa tolice do abismo que separa as gerações desaparecerá. Se você respeitar seus filhos, se for amigo deles, nenhum desses abismos será possível.

AMOR + CONSCIÊNCIA = SER

O amor é um imperativo para o crescimento espiritual. Além disso, o amor funciona como um espelho. É muito difícil conhecer a si mesmo, a não ser que você tenha visto o seu rosto nos olhos de alguém que o ama. Da mesma maneira que você tem de olhar para o espelho a fim de ver sua face física, você tem de olhar no espelho do amor para ver sua face espiritual. O amor é um espelho espiritual. Ele o alimenta, integra, o prepara para a jornada interior; faz com que você se lembre do seu rosto original.

Em momentos de profundo amor, há vislumbres da face original, embora esses vislumbres cheguem como reflexos. Assim como numa noite de Lua cheia você vê a Lua refletida no lago, no lago silencioso, assim também o amor funciona como um lago. A Lua refletida no lago é o começo da procura da Lua real. Se você nunca viu a Lua refletida no lago, você talvez nunca busque a verdadeira Lua. Você entrará diversas vezes no lago em busca da Lua porque no princípio você pensará que é lá que a Lua está, em algum lugar no fundo do lago. Você mergulhará várias vezes e emergirá de mãos vazias; não achará a Lua ali.

Então, um dia, ficará claro para você que talvez essa Lua não passe de um reflexo. Essa é uma grande descoberta – você

A relação de amor começa com os pais e também termina com eles. Ela perfaz um círculo completo. Se em algum lugar o círculo for interrompido, todo o seu ser permanecerá intranqüilo. A pessoa se sente muito feliz quando pode se comunicar com seus pais. Essa é a coisa mais difícil de fazer no mundo porque a lacuna entre pais e filhos é muito grande.

pode olhar para cima. Então, onde está a Lua, se isso é um reflexo? Se é um reflexo, você tem de olhar na direção oposta. O reflexo está ali, no fundo no lago – a Lua real deve estar em algum lugar acima do lago. Pela primeira vez, você olha para cima, e a jornada começa.

O amor lhe dá vislumbres da meditação, reflexos da Lua no lago – embora sejam reflexos, e não a própria Lua. Assim, o amor nunca pode satisfazê-lo. Na realidade, o amor o tornará cada vez mais insatisfeito, desgostoso. O amor o alertará cada vez mais sobre o que é possível, mas não cumprirá o prometido. Ele o frustrará – e só na frustração profunda é que está a possibilidade de voltar ao seu próprio ser. Só os que amam conhecem a alegria da meditação. Os que nunca amaram e nunca se frustraram com o amor, os que nunca se lançaram no lago do amor à procura da Lua e nunca se frustraram, jamais verão a verdadeira Lua no céu. Eles nunca se darão conta dela.

A pessoa que ama cedo ou tarde está fadada a se tornar religiosa; mas a pessoa que não ama – o político, por exemplo, que não pode amar nenhuma pessoa, só ama o poder – nunca se tornará religioso. Ou a pessoa obcecada pelo dinheiro – que só ama o dinheiro, que conhece apenas um amor, o do dinheiro – nunca se tornará religiosa. Isso será muito difícil para ela por diversas razões. O dinheiro pode ser possuído; você pode ter dinheiro e pode possuí-lo. É fácil ter dinheiro; difícil é ter um amor – impossível, na realidade. Você tentará possuir, mas como pode possuir uma pessoa viva? Esta resistirá em todos os sentidos, lutará até o fim. Ninguém quer perder a própria liberdade.

O amor não é tão valioso quanto a liberdade. O amor tem um grande valor, mas não superior ao da liberdade. Assim, a pessoa gostaria de estar amando mas não gostaria de ser aprisionada pelo amor. Conseqüentemente, cedo ou tarde você se frustra. Você tenta possuir, e quanto mais tenta fazer isso, mais o amor se torna impossível, mais o outro começa a se afastar de você. Quanto menos você possui, mais perto você se sente do outro. Se você não possui nada, se há liberdade fluindo entre os que se amam, há um grande amor.

Em primeiro lugar, o esforço de possuir uma pessoa está condenado ao fracasso. Nessa frustração, você será lançado sobre você mesmo. Em segundo lugar, se você aprendeu a não possuir a pessoa, se aprendeu que a liberdade é um valor superior ao amor, um valor muito superior a ele, então cedo ou tarde você verá que a liberdade o levará a si mesmo; ela se tornará a sua consciência, a sua meditação.

A liberdade é outro aspecto da meditação. Comece com a liberdade e você se tornará consciente; comece com a consciência e você se tornará livre. Ambas caminham juntas. O amor é um tipo sutil de servidão, mas é uma experiência essencial, muito importante para a maturidade.

Há uma bela definição da realidade através do amor no livro encantador de Margery Williams, *The Velveteen Rabbit*.

O amor o alertará cada vez mais sobre o que é possível, mas não cumprirá o prometido. Ele o frustrará – e só na frustração profunda é que está a possibilidade de voltar ao seu próprio ser. Só os que amam conhecem a alegria da meditação.

"O que é REAL?", perguntou o Coelho certo dia. "Significa ter coisas que se agitam dentro de você e um ponto de apoio por fora?"

"O real não é como você é feito", disse o Cavalo de Pele. "É uma coisa que acontece a você. Quando uma criança o ama por muito, muito tempo, não só porque brinca com você, mas REALMENTE o ama, então você se torna Real."

"Isso dói?", perguntou o Coelho.

"Às vezes", disse o Cavalo de Pele, que era sempre sincero. "Quando você é Real, você não se preocupa com ser magoado."

"Acontece de uma vez só, como ser içado", perguntou, "ou aos pouquinhos?"

"Não acontece de uma vez só", disse o Cavalo de Pele. "Você se torna. Leva muito tempo. Eis por que não acontece freqüentemente a pessoas que se quebram facilmente, ou têm arestas afiadas, ou que precisam ser guardadas com cuidado. Geralmente, quando você é Real, a maior parte dos seus pêlos deixou de ser apreciada, e seus olhos vêem menos, e você fica com as juntas frouxas e em mau estado. Mas essas coisas não importam porque, uma vez que você é Real, você não pode ser feio, exceto para pessoas que não entendem... quando você é Real, você não pode se tornar irreal novamente. Isso dura para sempre."

> A liberdade é outro aspecto da meditação. Comece com a liberdade e você se tornará consciente; comece com a consciência e você se tornará livre. Ambas caminham juntas. O amor é um tipo sutil de servidão, mas é uma experiência essencial, muito importante para a maturidade.

O amor faz de você algo real; caso contrário, você continua sendo apenas uma fantasia, um sonho sem substância. O amor lhe dá substância, o amor lhe dá integridade; deixa você concentrado. Mas isso é apenas metade da jornada; a outra deve se completar na meditação, na consciência. Mas o amor o prepara para a outra metade. O amor é a metade inicial, e a consciência, a metade final. Entre essas duas você alcança Deus. Entre o amor e a consciência, entre essas duas margens, o rio do ser flui.

Não evite o amor. Entregue-se a ele com todas as suas dores. Sim, ele machuca; mas, se você está apaixonado, isso não importa. De fato, todas essas mágoas o fortalecem. Às vezes, ele realmente machuca muito, terrivelmente, mas todas essas mágoas são necessárias para provocá-lo, desafiá-lo, deixá-lo menos sonolento. Todas essas situações perigosas são necessárias para deixá-lo alerta. O amor prepara o terreno, e no solo do amor a semente da meditação pode crescer – e só no solo do amor.

Assim, os que fogem do mundo por medo nunca chegarão à meditação. Podem se sentar nas cavernas do Himalaia por vidas sucessivas, que não alcançarão a meditação. Não é possível – eles não a conquistaram. Primeiro, ela tem de ser conquistada no mundo; primeiro, eles têm de preparar o solo. E é apenas o amor que prepara o solo.

Daí a minha insistência em não renunciar ao mundo. Esteja nele, aceite o seu desafio, os seus perigos, as suas mágoas e chagas. Atravesse-o. Não o evite, não tente achar um atalho porque não há atalhos. O mundo é uma luta, é árduo, é uma tarefa penosa, mas é assim que a pessoa chega ao pico.

E a alegria será maior, muito maior do que se você fosse deixado no pico do mundo por um helicóptero, porque então você teria chegado lá sem crescer; você não poderia desfrutar disso. Basta pensar na diferença. Você está empenhado em escalar o Everest. Ele é muito perigoso – você pode morrer no caminho e nunca chegar ao cume; é arriscado, perigoso. A morte está à sua espera a cada passo; há muitas armadilhas e grande possibilidade de ser derrotado em vez de ser bem-sucedido. Há uma entre cem chances de você chegar lá. Mas, quanto mais perto você chega do pico, maior se torna a sua alegria. Seu espírito paira nas alturas. Você conquista algo que não é de graça. E quanto mais tiver pago por isso, mais o desfrutará. Então imagine – você pode ser deixado no topo da montanha por um helicóptero. Você ficará no topo e parecerá um tolo, um estúpido – o que você está fazendo lá? Em cinco minutos estará acabado, e você dirá, "Eu vi! Não há nada de mais aqui!"

A jornada cria a meta. A meta não é sentar-se lá, ao cabo da jornada; a jornada cria a meta a cada passo. Ela é a meta. Jornada e meta não estão separadas, não são duas coisas. O fim e os meios não são duas coisas. O fim está espalhado por todo o caminho; todos os meios trazem em si o fim.

Dessa forma, nunca perca nenhuma oportunidade de viver, de estar vivo, de ser responsável, de ser comprometido, de envolver-se. Não seja um covarde. Enfrente a vida, encare-a. E então, lentamente, lentamente, algo dentro de você se cristalizará.

Sim, leva tempo. O Cavalo de Pele está certo: "Geralmente, quando você é Real, a maior parte dos seus pêlos deixou de ser apreciada, e seus olhos vêem menos, e você fica com as juntas frouxas e em mau estado. Mas essas coisas não importam, porque uma vez que você é Real, você não pode ser feio, exceto para pessoas que não entendem... quando você é real, você não pode tornar-se irreal novamente. Isso dura para sempre." É para sempre.

Mas a pessoa tem de conquistar isso. Deixe-me repetir: na vida você não pode ter nada de graça. E se você tem, é inútil. Você tem de pagar; e quanto mais paga por isso, mais arrecadará por causa disso. Se você pode arriscar toda a sua vida no amor, grande será a sua conquista. O amor o devolverá a você mesmo; dar-lhe-á alguns reflexos da meditação. Os primeiros vislumbres da meditação acontecem quando estamos apaixonados. E então um grande desejo surge em você quanto a atingir esses vislumbres, não tanto como vislumbres mas quanto disposição de ânimo, de modo que você possa viver nessa condição de ânimo para sempre. O amor lhe dá o gosto da meditação.

Uma experiência de amor e orgasmo é a primeira experiência de *samadhi*, de êxtase. Ela o deixará mais sedento. Agora você saberá o que é possível e não poderá satisfazer-se com o que é mundano. O sagrado o impregnou, o sagrado chegou ao seu coração. Deus tocou o seu coração e você sentiu esse toque. Agora você gostaria de viver nesse momento para sempre, gostaria que esse momento se tornasse toda a sua vida. Ele se torna – e a menos que se torne, o homem continua insatisfeito.

Por um lado, o amor lhe dará grande alegria; por outro, lhe dará uma sede de alegria eterna.

Uma experiência de amor e orgasmo é a primeira experiência de *samadhi*, de êxtase. Ela o deixará mais sedento. Agora você saberá o que é possível e não poderá satisfazer-se com o mundano.

O sagrado o impregnou; o sagrado chegou ao seu coração.

NA ENCRUZILHADA

QUANDO A ETERNIDADE IMPREGNA O TEMPO

O tempo é aquilo em que vivemos – é horizontal. É de A para B para C para D; está numa linha. A eternidade é vertical. Não é de A para B e de B para C. É de A para mais A para ainda mais A. Segue para cima. É raro o momento em que a eternidade penetra o tempo, porque isso só acontece quando a meditação chegou ao amadurecimento, à maturidade, quando você alcançou o seu âmago mais profundo.

Então, de repente, você se dá conta de que você é uma encruzilhada. Uma linha segue na horizontal. Em outras palavras, é medíocre, comum, sem sentido, levando finalmente à morte. A linha horizontal está caminhando continuamente para o cemitério.

Eu já lhes contei a história, de muitos modos significativa:

Um grande rei viu em sonhos uma sombra, e ficou com medo até mesmo durante o sonho. Ele perguntou à sombra, "O que você quer?"

A sombra disse, "Não vim pedir nada. Só vim para informá-lo de que hoje à noite, no lugar certo, quando o sol estiver se pondo, você exalará o seu último suspiro. Em geral, não venho para avisar as pessoas, mas você é um grande imperador; é só por respeito a você".

O imperador ficou com tanto medo que acordou suando, sem saber o que fazer. A única coisa em que podia pensar era chamar todos os sábios, astrólogos, profetas e descobrir o significado do sonho. Pensa-se que a análise dos sonhos tenha começado com Sigmund Freud – mas isso não é verdade; ela nasceu com esse imperador mil anos atrás!

No meio da noite, todos os profetas de sua capital, todos os sábios, todos os que estavam envolvidos de algum modo com o futuro – os que liam os sonhos – foram chamados e souberam da história. Esta era simples, mas eles haviam levado suas escrituras e começaram a discutir uns com os outros: "Esse não pode ser o sentido" ou "Esse tem de ser o sentido".

Eles desperdiçaram tempo, o sol começou a nascer. O rei tinha um velho criado a quem tratava como a um pai, porque o pai dele morrera muito cedo. O filho era muito jovem, e o velho rei dera a tutela do filho a esse servo dizendo-lhe, "Cuide para que ele se torne o meu sucessor e não ponha o reino a perder". O servo fizera isso e, agora, era um homem muito velho. Mas ele não era tratado como um servo; era quase tão respeitado quanto um pai. Ele se aproximou do imperador e disse, "Quero lhe dizer duas coisas. Você sempre me ouviu. Não sou profeta nem astrólogo, e não sei que tolice está acontecendo, com as escrituras sendo consultadas. Uma coisa é certa – uma vez que o sol nasceu, o pôr-do-sol não está muito longe. E essas pessoas chamadas eruditas nunca chegarão a nenhuma conclusão em séculos. Num só dia... eles serão capazes de discutir, destruir os argumentos uns dos outros, mas você não pode esperar que eles cheguem a um consenso, a uma conclusão.

"Que eles tenham suas discussões. Minha sugestão é: você tem o melhor cavalo do mundo" – esses eram os dias dos cavalos – "você pega o cavalo e foge deste palácio o mais rápido possível. Isso é certo: você não deverá estar aqui; você deverá estar longe."

Era lógico, racional, embora muito simples. O imperador deixou essas pessoas muito inteligentes e sábias discutindo – elas nem sequer perceberam que ele partira. Certamente ele tinha um cavalo que valia um império. Ele tinha muito orgulho do cavalo; não se sabia de outro que tivesse a sua força. E havia amor entre o cavalo e o imperador, uma profunda afinidade, um tipo de sincronicidade. O imperador disse ao cavalo, "Parece que minha morte está prestes. Aquela sombra não era outra coisa senão a morte. Você tem de me levar para tão longe quanto possível deste palácio".

O cavalo meneou a cabeça. E cumpriu a promessa. Quando anoitecia e o sol se punha, eles estavam a centenas de milhas do seu reino. Tinham entrado disfarçados num outro reino. O imperador estava muito feliz. Ele desceu do cavalo e o estava amarrando a uma árvore – porque nem ele nem o cavalo haviam comido. Assim, ele disse ao cavalo, "Obrigado, meu amigo. Agora providenciarei o seu alimento e o meu. Estamos tão distantes, não há por que ter medo. Mas você confirmou as histórias que foram contadas a seu respeito. Você cavalgou como uma nuvem, velozmente".

E enquanto ele estava amarrando o cavalo à árvore, a sombra escura apareceu e disse ao imperador, "Eu tinha medo de que você não fosse capaz de fazer isso, mas o seu cavalo é excelente. Também agradeço a ele – este é o lugar e este é o momento. Eu estava preocupado – você estava tão longe, como poderia trazê-lo? O cavalo cumpriu o destino".

Esta é uma história estranha, mas ela mostra que aonde quer que você vá horizontalmente, a qualquer velocidade, você terminará em algum cemitério. É estranho que a todo momento nossos túmulos estejam se aproximando de nós – mesmo que você não arrede pé, seu túmulo está rumando para você. Em outras palavras, a linha horizontal do tempo é a mortalidade do homem.

Mas se você pode alcançar o centro do seu ser, o silêncio do seu centro mais íntimo, você pode ver duas estradas: uma horizontal, outra, vertical. Você ficará surpreso ao saber que a cruz cristã não é de modo algum cristã. É um símbolo antigo, oriental, ariano – a suástica. Eis por

Na Encruzilhada

que Adolf Hitler, que pensava que era detentor do sangue ariano mais puro, escolheu a suástica como o seu símbolo. Uma suástica não é nada mais do que duas linhas que se cruzam. Na Índia, sem saber por que, no começo de cada ano, homens de negócio começam seus novos livros de escrituração com uma suástica. A cruz cristã é simplesmente uma parte da suástica. Mas ela também representa a mesma coisa: o vertical, o horizontal. As mãos de Cristo estão na horizontal; sua cabeça e seu corpo apontam numa direção diferente.

Num momento de meditação, você de repente vê que pode mover-se em duas direções – na horizontal e na vertical. A vertical é feita de silêncio, beatitude, êxtase; a horizontal é feita de mãos, de trabalho, do mundo.

Quando um homem se reconhece como uma encruzilhada, ele não pode ser desinteressado, não pode deixar de intrigar-se quanto à vertical. A horizontal ele conhece, mas a vertical abre uma porta para a eternidade, onde a morte não existe, onde a pessoa simplesmente se torna cada vez mais parte do todo cósmico – onde a pessoa perde todas as formas de escravidão, até mesmo a escravidão do corpo.

> Num momento de meditação, você de repente vê que pode mover-se em duas direções – na horizontal e na vertical.
>
> A vertical é feita de silêncio, beatitude, êxtase; a horizontal é feita de mãos, de trabalho, do mundo.

Gautama Buda costumava dizer, "O nascimento é dor, a vida é dor, a morte é dor". O que ele estava dizendo era que mover-se na linha horizontal é ser constantemente infeliz, é sofrer. Sua vida não pode ser uma vida de dança, de alegria – se isso for tudo, então o suicídio é a única solução. Essa é a conclusão a que chegou a filosofia ocidental e contemporânea do existencialismo – a filosofia de Jean-Paul Sartre, de Jaspers, de Heidegger, de Kierkegaard e de outros – a de que a vida é sem sentido. No plano horizontal ela é, porque é simplesmente agonia, dor, doença e velhice. E você está aprisionado num corpo pequeno, enquanto sua consciência é tão grande quanto todo o universo.

Quando a vertical é descoberta, a pessoa começa a se mover na linha vertical. Essa linha não significa que você tem de renunciar ao mundo, mas certamente significa que você não é mais *do* mundo, que o mundo se torna efêmero, perde a importância. Isso não quer dizer que você tem de renunciar ao mundo e fugir para as montanhas e os mosteiros. Quer dizer simplesmente que – onde quer que você esteja – você começa a viver uma vida interior que antes não era possível.

Antes você era um extrovertido; agora você se torna uma pessoa introvertida. No que concerne ao corpo, você pode arranjar-se bem facilmente, tendo em vista a lembrança de que você não é o corpo; mas este pode ser usado de muitas maneiras para ajudá-lo a se mover na linha vertical. A penetração da linha vertical – um raio de luz que penetra as trevas de sua vida horizontal – é o começo da iluminação.

Você parecerá o mesmo mas não será o mesmo. Aos que vêem as coisas claramente, a eles você não parecerá o mesmo – e, pelo menos para você mesmo, você nunca parecerá o mesmo e nunca poderá ser o mesmo. Você estará no mundo mas o mundo não estará em você. As ambições, os desejos, o ciúme começarão a se evaporar. Nenhum esforço para deixar de lado essas coisas será necessário; basta um movimento seu na linha vertical e eles começam a desaparecer – porque eles não podem existir na linha vertical. Eles só podem existir na escuridão do horizontal, onde todo mundo está em competição, todo mundo está cheio de luxúria, cheio de vontade de poder, de um grande desejo de dominar, de se tornar alguém especial.

Na linha vertical simplesmente desaparecem todas essas formas de estupidez. Você fica muito leve, sem peso, como uma flor de lótus – ela está na água, mas a água não a toca. Você permanece no mundo mas o mundo já não exerce impacto sobre você. Pelo contrário, você começa a influenciá-lo – não com esforço consciente, mas só pelo seu ser, pela sua presença, pela sua graça, pela sua beleza. À proporção que cresce interiormente, ele começa a estender-se ao redor.

Isso sensibilizará as pessoas de coração aberto, e deixará com medo as de coração fechado – só de janelas e portas fechadas. Elas não entrarão em contato com alguém assim. E, para se convencer do motivo pelo qual não estão entrando em contato com uma pessoa assim, elas acharão mil e uma desculpas, mil e uma mentiras; mas o fato fundamental é que elas têm medo de se expor.

O homem que está se movendo verticalmente torna-se quase um espelho. Se você se aproximar dele, verá a verdadeira face que pertence a você – verá a sua feiúra, a sua ambição contínua, o pratinho com que mendiga.

Talvez outra história possa ajudá-lo.

> Quando a vertical é descoberta, a pessoa começa a se movimentar na linha vertical. Essa linha não significa que você tem de renunciar ao mundo, mas certamente significa que você não é mais do mundo; que o mundo se torna efêmero, perde a importância.

No começo de uma manhã, um homem, um mendigo que pedia esmolas numa tigela, entrou no jardim do rei. O rei costumava sair para andar de manhã; caso contrário, seria impossível encontrar o rei – particularmente no caso do mendigo; toda a burocracia o impediria disso. Assim, o mendigo escolheu um momento em que não havia nenhuma burocracia, quando o rei teve vontade de ficar sozinho, em silêncio com a natureza, para sorver a beleza e a vida que se via na natureza. O mendigo o encontrou ali.

O rei disse, "Esse não é o momento... Não recebo ninguém".

O mendigo disse, "Eu sou um mendigo. Sua burocracia é muito difícil e para um mendigo é impossível vê-lo. Eu insisto em que o senhor me conceda uma audiência".

O rei só pensava em se livrar dele. Ele disse, "O que você quer? É só dizer e terá. Não perturbe a minha manhã de silêncio".

O mendigo disse, "Pense duas vezes antes de me oferecer algo".

O rei disse, "Você parece um homem estranho. Em primeiro lugar, entrou no jardim sem permissão, insistindo para ter uma audiência com o rei. E agora ordeno que diga tudo o que quer. Não perturbe a minha paz nem o meu silêncio".

O mendigo riu. Ele disse, "A paz que sofre perturbações não é paz. E o silêncio que sofre perturbações é apenas um sonho, não uma realidade".

Agora o rei olhou para o mendigo. Ele estava dizendo algo de muita importância. O rei pensou, "Ele certamente não parece ser um mendigo comum". E o mendigo disse novamente, "Eu quero que o senhor reflita sobre isso, porque o que eu quero é que o senhor apenas encha a minha tigelinha com alguma coisa para que eu me vá; mas ela tem de estar cheia".

O rei gargalhou e disse, "Você é louco. Você acha que a sua tigela não pode ser cheia?" Chamou o tesoureiro e ordenou, "Encha a tigela dele de diamantes e pedras preciosas".

O tesoureiro não tinha idéia do que havia acontecido. Ninguém enche a tigela de um mendigo com diamantes. E o mendigo lembrou ao tesoureiro, "Não se esqueça: enquanto a tigela não estiver cheia, não arredarei pé daqui". Tratava-se de uma disputa entre um mendigo e um rei.

E então aconteceu algo muito estranho... À proporção que os diamantes eram colocados na tigela do mendigo, nesse momento eles desapareciam. O rei ficou perplexo; mas disse, "Independentemente do que aconteça, mesmo que todo o meu tesouro se perca, não posso ser derrotado por um mendigo. Derrotei grandes imperadores". E todo o tesouro desapareceu! O rumor chegou à capital e milhares de pessoas se juntaram para ver o que estava acontecendo. Eles nunca tinham visto o rei trêmulo, durante um colapso nervoso.

Finalmente, quando mais nada restava dos tesouros e a tigela ainda estava tão vazia quanto antes, o rei caiu aos pés do mendigo e disse, "Você terá de me perdoar, eu não entendi. Nunca pensei sobre essas coisas. Eu fiz o melhor que pude, mas agora... Não tenho mais nada a oferecer a você. Pensarei que você me perdoou se puder me contar o segredo da sua tigela. É uma tigela estranha – apenas alguns diamantes a teriam enchido, mas ela consumiu todo o tesouro".

O mendigo riu e disse, "O senhor não precisa se aborrecer. Essa não é uma tigela de mendigo. Achei um crânio humano e com ele fiz essa tigela. Ele não esqueceu o seu velho hábito. Já olhou na sua própria tigela, na sua cabeça? Dê-lhe qualquer coisa e ela pedirá cada vez mais. Ela só conhece uma linguagem: 'mais'. Ela sempre está vazia; é sempre uma mendiga".

Na linha horizontal só existem mendigos, porque todos estão se precipitando para o mais, e o mais não pode ser satisfeito. Não que você não possa chegar a uma posição a que aspire, mas no momento em que você chega, há posições mais elevadas. Num momento talvez haja uma cintilação de felicidade, e, no momento seguinte, novamente o mesmo desespero e a mesma corrida para mais. Você não pode satisfazer a idéia do mais. Intrinsecamente, ela não é passível de ser satisfeita. E essa é a linha horizontal, a linha do mais e mais.

O que é a linha vertical? A do ser cada vez menos e menos, a ponto do vazio absoluto, a ponto de não ser ninguém. A ponto de ser apenas um nome – escrito não na areia, mas na água; você acabou de assinar e já desapareceu. O homem da linha vertical é o *sannyasin* autêntico, o que está imensamente feliz por ser ninguém, imensamente feliz com sua pureza interior devida ao vazio, porque só o vazio pode ser puro – está absolutamente feliz com a sua nudez, porque só o nada pode estar em harmonia com o universo.

Quando acontece essa sintonia com o universo, você não existe mais, de certo modo – num sentido ultrapassado, você não existe mais. Mas você pela primeira vez é todo o universo. Até mesmo as estrelas distantes estão dentro de você; o seu nada pode contê-las. As flores e o Sol e a Lua... e toda a música da existência. Você não é mais um ego; o seu "eu" desapareceu; mas isso não significa que *você* tenha desaparecido. Pelo contrário, o momento em que o seu "eu" desaparece, *você* aparece.

> Você não pode satisfazer a idéia do mais. Intrinsecamente, ela não é passível de ser satisfeita. E essa é a linha horizontal, a linha do mais e mais.

É esse o grande êxtase de ser sem o sentimento do "eu", sem o sentimento de qualquer ego, sem pedir nada mais. O que mais se pode pedir? Você não tem nada – nesse nada, sem conquistar, você se tornou todo o universo. Assim, as aves canoras não estão cantando apenas fora de você. Elas parecem estar fora porque esse corpo cria barreiras.

Na linha vertical, você se torna cada vez mais consciência e cada vez menos corpo. Toda a identificação com o corpo desaparece. No nada, essas aves estarão dentro de você; essas flores, essas árvores e essa bela manhã estarão em você. Na realidade, não há nenhum "fora". Tudo

Na Encruzilhada

se tornou a sua visão. E você não pode ter uma vida mais rica do que quando tudo se tornou o seu interior. Quando o Sol e a Lua e as estrelas e todo o infinito do tempo e do espaço estão dentro de você... o que mais você quer?

Esse é exatamente o sentido da iluminação: tornar-se tão não-existente na condição de ego que toda a existência oceânica se torna parte de você.

Kabir, um grande místico indiano, não recebeu uma educação formal, mas fez declarações muito significativas. Ele corrigiu uma delas antes de morrer. Ele fizera uma bela declaração por escrito quando era jovem. Ela era, "Assim como uma gota de orvalho escorre da folha de lótus ao sol da manhã, brilhando como uma pérola, para o oceano..." Ele disse, "O mesmo aconteceu comigo". Suas palavras são, "Tenho procurado, meu amigo. Em vez de encontrar, eu me perdi no cosmos. A gota desapareceu no oceano". Pouco antes de morrer, quando fechava os olhos, ele pediu a seu filho, Kamal, "Por favor, mude a minha declaração".

Kamal disse, "Sempre suspeitei que havia algo de errado nela". E ele mostrou-lhe o que escrevera, e a declaração já havia sido corrigida. A correção — mesmo antes que Kabir compreendesse — já tinha sido feita. Eis por que Kabir o chamou de Kamal — "Você é um milagre". *Kamal* quer dizer "milagre". E o homem era um milagre. Ele alterara a frase conforme o desejo de Kabir: "Meu amigo, eu estava buscando e me procurando. Em vez de me achar, descobri

É esse o grande êxtase de existir sem o sentimento do "eu", sem o sentimento de qualquer ego, sem pedir nada mais.
O que mais se pode pedir? Você tem nada – nesse nada, você se tornou, sem conquistar, todo o universo.

todo o mundo, todo o universo. A gota de orvalho não desapareceu no oceano, mas o oceano desapareceu na gota de orvalho."

E quando o oceano desaparece na gota, a gota de orvalho está simplesmente perdendo seus limites, nada mais.

Na linha vertical, você se torna cada vez menos. E um dia, você não existe mais. Um mestre zen, Rinzai, tinha um hábito absurdo, mas belo. Todas as manhãs, quando acordava, antes de abrir os olhos, dizia, "Rinzai, você ainda está aqui?"

Seus discípulos diziam, "Que tipo de tolice é essa?"

Ele respondia, "Estou esperando o momento em que a resposta será, 'Não. A existência está, mas Rinzai não está'". Esse é o pico máximo a que a consciência humana pode chegar. Essa é a bênção máxima. E, a menos que a pessoa alcance esse pico, ela continuará vagando em caminhos obscuros, cega, sofrendo, infeliz. Talvez acumule muito conhecimento, talvez se torne uma grande estudiosa, mas isso não ajuda. Só uma coisa, uma coisa muito simples, é a essência de toda a experiência religiosa, e isso é a meditação.

Você mergulha dentro de si. Será difícil sair da multidão dos seus pensamentos, mas você não é um pensamento. Você pode sair da multidão, pode criar certa distância entre você e seus pensamentos. E, à medida que a distância aumenta, os pensamentos começam a cair como folhas mortas – porque é você e a sua identidade com os pensamentos que lhes dão alimento. Quando você não os alimenta, os pensamentos não podem existir. Você já deparou com algum pensamento em algum lugar subsistindo por si mesmo?

Procure ser apenas indiferente – a palavra de Gautama Buda é *upeksha*. Seja apenas indiferente a toda a mente e certa distância será criada – então, siga até um ponto em que todo alimento para os pensamentos termine. Eles simplesmente desaparecem; são bolhas de sabão. E, no momento em que todos os pensamentos desaparecerem, você se achará na mesma situação, perguntando, "Rinzai, você ainda está aí?" E você esperará por esse grande momento, essa grande e rara oportunidade, em que a resposta será "Não. Quem é esse fulano chamado Rinzai?"

Esse silêncio é meditação – e ela não é um talento especial. Ninguém pode ser um Picasso, um Rabindranath, um Michelangelo – esses são talentos especiais; mas todo mundo pode ser iluminado, mesmo não se tratando de um talento; trata-se da sua natureza intrínseca, da qual você não está consciente. E você permanecerá assim se continuar cercado de pensamentos. A consciência da sua realidade máxima só surge quando nada há que a impeça, quando não existe nada à sua volta.

A linha vertical é rara. Ela talvez seja a única coisa rara na existência, porque o leva na jornada da eternidade e da imortalidade. As flores que desabrocham nesses caminhos são inconcebíveis por meio da mente, e as experiências que acontecem são inexplicáveis. Mas, de um modo muito estranho, o próprio homem se torna a expressão. Seus olhos mostram a profundidade do seu coração; seus gestos, a graça do movimento vertical. Toda a sua vida se irradia, pulsa, e cria um campo de energia.

Ninguém pode ser um Picasso, um Rabindranath, um Michelangelo – esses são talentos especiais; mas todo mundo pode ser iluminado, mesmo não se tratando de um talento; trata-se da sua natureza intrínseca, da qual você não está consciente.

Os que são preconceituosos, os que já estão determinados e prontos... sinto pena deles; mas os que estão abertos, sem preconceitos, que ainda não estão prontos, esses começarão a sentir imediatamente a pulsação, a energia radiante. E certa sincronicidade pode acontecer entre o coração do homem na vertical e o coração de quem ainda não está na vertical... No momento em que a sincronicidade acontece, nesse mesmo momento você também começa a se mover verticalmente.

Essas palavras são simplesmente para explicar as coisas não passíveis de explicação apenas por meio de palavras.

AS LEIS DO ENVELHECIMENTO

Todo mundo está envelhecendo. Desde o dia em que você nasceu, você tem estado envelhecendo – a cada momento, a cada dia. A infância é um fluxo, assim como a juventude – só a velhice não acaba nunca, porque ela termina! Essa é a qualidade única da velhice: levá-lo ao repouso máximo; mas, se você quiser saber de algumas leis que servem para a meia-idade... Pelo que sei, nunca fui criança, nunca fui jovem, nunca fiquei velho e nunca morrerei. Só sei de uma coisa em mim que é absolutamente inalterável e eterna. Mas, em consideração a vocês...

Há muitas leis sobre a velhice, porque no mundo todo as pessoas envelhecem. E muitos pensadores têm refletido sobre o que é a velhice.

A primeira lei é a Derradeira Lei do Nunca; obviamente, é sobre a velhice, a lei pode ser a primeira e a última: "Nunca especule sobre aquilo que se pode conhecer com certeza."

Você sabe perfeitamente bem que está envelhecendo; portanto, não faça especulações sobre isso, o que o tornará mais infeliz.

A lei é bela: "Nunca especule sobre aquilo que se pode conhecer com certeza." Na realidade, nada é certo na vida, a não ser a morte; é possível especular sobre tudo, mas não sobre a morte. E a velhice é apenas a porta que se abre para a morte.

"A meia-idade é quando você começa a trocar suas emoções pelos sintomas."

"Você sabe que está envelhecendo quando uma garota diz não, e tudo o que você sente é alívio."

"A velhice é quando você começa a apagar as luzes por economia em vez de apagá-las por motivos românticos."

"A velhice é aquele período da vida em que a idéia que você tinha de avançar vai serenando."

"A velhice é quando você pode fazer exatamente o que fazia, mas não tem vontade de fazê-lo."

A velhice é uma experiência misteriosa, mas todas essas leis foram descobertas pela mente ocidental. Não pude descobrir ninguém em toda a literatura do Oriente que falasse sobre a velhice desse modo. Pelo contrário, a velhice foi louvada imensamente. Se a sua vida prosseguiu simplesmente na linha horizontal, você é apenas um velho; mas se a sua vida, a sua consciência, prosseguiram verticalmente, para cima, então você atingiu a beleza e a glória da velhice. A velhice, no Oriente, tem sido sinônimo de sabedoria.

Esses são os dois caminhos: um é horizontal, da infância para a juventude, desta para a velhice e desta para a morte; o outro é vertical, da infância para a juventude, desta para velhice e desta para a imortalidade. A diferença na qualidade de ambas as dimensões é imensa, incalculável. O homem que simplesmente se torna jovem e então envelhece e depois morre, permaneceu identificado com o seu corpo. Ele não conheceu nada sobre o ser, porque o ser nunca nasce nem morre; ele sempre existe, sempre existiu, sempre existirá. Ele é toda a eternidade.

Na linha vertical, a criança se torna um jovem, mas a juventude na linha vertical será diferente da juventude na linha horizontal. A infância é inocente, mas esse é o ponto a partir do qual essas duas dimensões se afastam. A juventude na linha horizontal não é nada exceto sensualidade, sexualidade e todos os tipos de estupidez. A juventude na linha vertical é a busca da verdade, a busca da vida – o desejo de se conhecer.

Na linha horizontal, a velhice está simplesmente vacilando, com medo da morte; não pode pensar em nada senão num cemitério e na escuridão que avança cada vez mais negra. Não pode conceber a si mesma exceto como um espectro. Na linha vertical, a velhice é uma celebração; ela é tão bela quanto o homem foi um dia.

A juventude é um pouco tola – é obrigada a existir, não tem experiência; mas a velhice passou por todas as experiências – boas e más, certas e erradas – e chegou a um estado em que não é mais afetada por nenhuma coisa envolvida com o corpo ou a mente. É uma saudação de boas-vindas! A velhice na linha vertical está mantendo a porta aberta para que entre o derradeiro convidado. Não é um fim; é o começo de uma vida real, de um ser autêntico.

Portanto, sempre faço distinção entre envelhecer e crescer. Muito poucas pessoas tiveram a sorte de crescer. O resto da humanidade só tem envelhecido – e, naturalmente, todos caminham para a morte. Só na linha vertical é que a morte não existe; esse é o caminho para a imortalidade, para a divindade. E, naturalmente, quando a pessoa envelhece nessa dimensão, ela tem graça e beleza, compaixão e amor.

Isto já foi dito tantas vezes... Há uma declaração nas escrituras budistas de que, à medida que Buda foi ficando mais velho, foi ficando mais bonito. Considero isso um verdadeiro milagre – não andar sobre as águas, pois qualquer bêbado pode tentar fazer isso. Não transformar água em vinho, pois qual-

> Na linha horizontal, a velhice está simplesmente vacilando, com medo da morte; não pode pensar em nada senão num cemitério e na escuridão que avança cada vez mais negra. Não pode conceber a si mesma exceto como um espectro. Na linha vertical, a velhice é uma celebração; ela é tão bela quanto o homem foi um dia.

quer criminoso pode fazer isso. Este é o verdadeiro milagre: Buda ficou mais bonito do que era na juventude; ele ficou mais inocente do que era na infância – isso é crescimento.

A menos que você esteja seguindo na linha vertical, você está perdendo todas as oportunidades da vida. Quando você segue na linha vertical diariamente, você está se aproximando da vida, e não se afastando dela. Então o seu nascimento não é o começo da morte; ele é o começo da vida eterna. Só duas linhas e tanta diferença...

O Ocidente nunca pensou sobre isso; a linha vertical nunca foi mencionada porque eles nunca foram criados numa atmosfera espiritual onde as reais riquezas estão dentro de você. Mesmo que pensem em Deus, pensam nele do lado de fora. Gautama Buda poderia negar a Deus – eu nego a Deus – não há absolutamente nenhum Deus pelo simples fato de que queremos que você se volte para dentro. Se Deus existe, ou qualquer coisa semelhante, ele tem de ser encontrado dentro de você. Tem de ser encontrado na sua própria eternidade, no seu próprio êxtase.

Pensar em si mesmo como apenas uma estrutura que envolve o corpo e a mente é a idéia mais perigosa que ocorreu às pessoas. Isso destrói toda a sua graça, toda a sua beleza, e elas constantemente estremecem e têm medo da morte, tentando manter a velhice tão longe quanto possível. No Ocidente, se você disser a uma mulher idosa, "Você parece tão jovem!", e se ela souber que não é mais jovem, ela se postará diante do espelho por horas para conferir se nela permanece algum traço da juventude; mas ela não negará isso, estará imensamente feliz. No Oriente, ninguém diz a uma mulher idosa, "Você parece tão jovem". Pelo contrário, a velhice é tão respeitada e amada, que dizer a alguém, "Você parece ter menos idade do que tem", é considerado um insulto.

Lembro-me de um incidente que aconteceu. Eu estava hospedado na casa de uma família, e eles estavam muito interessados em alguém que lesse as mãos. Eles gostavam de mim e eu costumava ir pelo menos três vezes por ano à casa deles e ficar lá no mínimo três ou quatro dias de cada vez. Certa vez, numa dessas visitas, sem me consultar, haviam conseguido que uma pessoa que lia as mãos fosse até lá, examinasse minhas mãos e dissesse algumas coisas sobre mim. Quando eu vim a saber disso, tudo já estava arranjado; a pessoa que lia as mãos estava sentada na sala de estar. Assim, eu disse, "Está bem, vamos nos divertir também!"

No Oriente, ninguém diz a uma mulher idosa, "Você parece tão jovem!". Pelo contrário, a velhice é tão respeitada e amada, que dizer a alguém, "Você parece ter menos idade do que tem", é considerado uma ofensa.

Mostrei-lhe a mão; ele a examinou e disse, "Você deve ter pelo menos oitenta anos". Evidentemente, uma das filhas do casal ficou nervosa, "Isso é estupidez. Que forma de ler as mãos é essa?"

Naquele momento eu não estava com mais do que 35 anos – até um homem cego poderia ter calculado a diferença entre 35 e oitenta anos. Ela ficou realmente zangada, e me disse, "Não tenho mais conversa com esse sujeito. Que mais ele pode saber?"

Eu disse, "Você não entende. Você é ocidentalizada, educada segundo o estilo ocidental. Você viveu no Ocidente, onde se educou, e não pode entender o que ele está dizendo".

Ela disse, "O que ele está dizendo? Está muito claro que não há o que entender; ele está simplesmente mostrando a sua estupidez. Um jovem de 35 anos, e ele está dizendo que você tem oitenta anos...?"

Eu contei-lhe uma história sobre Ralph Waldo Emerson. Um homem perguntou a Emerson, "Qual é a sua idade?"

Emerson disse, "Mais ou menos 360 anos". O homem não podia acreditar no que ouvia... e ele sempre acreditara que Emerson era um homem da verdade! O que tinha acontecido, um lapso da língua? Ele tinha ficado senil? Ou estava brincando?

Para esclarecer as coisas, ele disse, "Eu não ouvi o que o senhor disse. Só me diga quantos..."

Emerson disse, "Você ouviu bem – 360 anos!"

O homem disse, "Eu não posso acreditar nisso. O senhor não parece ter mais de sessenta anos".

Emerson disse, "Você tem razão de certo modo: na vertical, tenho 360 anos; na horizontal, tenho sessenta anos".

Talvez ele tenha sido o primeiro ocidental a usar essa expressão referindo-se à horizontal e à vertical. Emerson estava imensamente interessado no Oriente, e teve alguns vislumbres que o aproximaram dos videntes dos Upanishades. Ele disse, "De fato, vivi sessenta anos; você tem razão; mas em sessenta anos vivi o quanto você não poderá viver nem sequer em 360 anos. Vivi seis vezes mais".

A linha vertical não conta os anos; conta as suas experiências. E na linha vertical está todo o tesouro da existência – não só a imortalidade, não só um sentimento de divindade, mas a primeira experiência de amor sem ódio, a primeira experiência de compaixão, a primeira experiência de meditação – a primeira experiência da grande explosão da iluminação.

Não é uma coincidência que no Ocidente, a palavra *iluminação* não tenha o mesmo sentido que tem no Oriente. Eles dizem que, depois da idade das trevas, veio a idade da luz. Eles se referem a pessoas como Bertrand Russell, Jean-Paul Sartre, Karl Jaspers como gênios iluminados. Não entendem que eles estão usando mal uma palavra, afundando-a na lama. Nem Bertrand Russell, nem Jean-Paul Sartre, nem Karl Jaspers são iluminados.

A iluminação não acontece na linha horizontal. Mesmo na velhice Jean-Paul Sartre ainda estava correndo atrás de jovens. Bertrand Russell trocou de mulher muitas vezes – e viveu muito tempo na linha horizontal, quase um século; mas até na velhice seus interesses foram tão idiotas quanto os dos jovens.

O Oriente entende que a palavra iluminação não tem nada que ver com gênio, não tem nada que ver com intelecto; tem que ver com descobrir o seu ser real, autêntico. É descobrir Deus dentro de você. Assim, você não deve se preocupar com as leis. Elas estão todas na linha horizontal. Na linha vertical há amor, e não leis. Há a experiência cada vez maior de se tornar mais espiritualizado e menos físico, dado à meditação e cada vez menos preocupado, mais divino e cada vez pertencendo menos a este mundo material e banal em que nos vemos tão enredados.

> A palavra iluminação não tem nada que ver com gênio, não tem nada que ver com intelecto; tem que ver com descobrir seu ser real, autêntico. É descobrir Deus dentro de você.

Na linha vertical, aos poucos você sente que os desejos desaparecem, bem como a sexualidade, a ambição, a vontade de poder... Sua servidão desaparece em todos os seus aspectos – religioso, político, nacional. Você se torna mais de um indivíduo. E, com sua individualidade crescendo clara e luminosa, toda a humanidade está se tornando una aos seus olhos – você não pode fazer discriminações.

Há grandes experiências na linha vertical; na linha horizontal só há declínio. Nesta, o velho vive no passado, pensa naqueles dias belos, naquelas mil e uma noites em que era jovem. Também pensa nos tempos gloriosos, quando não havia nenhuma responsabilidade e ele era uma criança que corria atrás de borboletas. Na realidade, durante toda a sua vida ele esteve correndo atrás de borboletas – mesmo na velhice.

Na linha horizontal, eis o que acontece – à medida que você envelhece, você se torna cada vez mais enfeitiçado pelos desejos, porque agora você sabe que à frente só existe a morte. Assim, você quer desfrutar tanto quanto possível, embora isso se torne difícil porque, fisicamente, você perdeu energia. Assim, o velho na linha horizontal se torna sexual cerebralmente; ele está pensando continuamente em sexo. O velho não tem mais nada para fazer senão pensar – e pensar em mais o quê? Ele imagina mulheres bonitas.

O velho está pensando continuamente no passado – essa é a psicologia. A criança pensa no futuro, porque ela não tem passado; não há como pensar no passado – ela não tem nenhum ontem. Ela pensa nos dias que virão, em toda a sua longa vida. Em setenta anos ela pode fazer muito... Ela quer crescer depressa para fazer as coisas que todos os adultos estão fazendo.

O velho não tem futuro – futuro significa morte; ele nem sequer tem vontade de falar sobre o futuro. Este o faz tremer; significa o túmulo – ele fala sobre o passado.

E o mesmo é verdade sobre os países. Por exemplo, um país como a Índia nunca pensa no futuro. Isso significa que ela envelheceu; é sintomático. A Índia sempre pensa no passado. Continua encarnando o drama da vida de Rama e Sita, por séculos a mesma história... toda aldeia encena esse drama. Continua pensando em Buda e Mahavira e Adinatha, no Rigveda e nos Upanishades. Tudo passou. Agora o país está simplesmente esperando para morrer; não há nenhum futuro.

De acordo com a idéia indiana – e essa é a idéia da velha mentalidade, a mente do homem velho – a melhor época foi há milhões de anos atrás; era chamada de *satyuga*, a era da verdade. Depois disso o homem começou a cair. Você pode ver o paralelo psicológico; há quatro idades:

infância, a juventude, meia-idade e velhice. De acordo com essas quatro idades, ele projetou quatro idades para a própria vida. A primeira era inocente, semelhante a uma criança, muito equilibrada. Eles dão o exemplo de que ela tem quatro pernas como uma mesa, perfeitamente equilibrada. E então, o declínio começa...

Na Índia, nunca existiu a idéia de evolução, mas, pelo contrário, só a idéia oposta. A palavra nem mesmo é usada no Ocidente – você pode nunca ter ouvido essa palavra – mas, na Índia, eles têm refletido sobre a involução, não sobre a evolução: "Estamos encolhendo, estamos caindo. No segundo estágio da queda, perde-se uma perna; a mesa fica com três pernas. Ainda está equilibrada, mas não tanto quanto estava quando tinha quatro pernas. No terceiro estágio, ela perde outra perna; agora só se sustenta com duas pernas, seu desequilíbrio é absoluto. E este é o quarto estágio: nem há mais duas pernas; você se mantém sobre uma perna – por quanto tempo poderá suportar?

O primeiro estágio é chamado de *satyuga*, a idade da verdade. O segundo simplesmente recebe o nome em função do número; *treta* é o terceiro, porque só restam três pernas. O terceiro estágio é chamado de *dwapar*. *Dwa* é uma palavra sanscrítica – passando por muitos outros idiomas, finalmente tornou-se "dois". E a quarta era eles chamaram de *kaliyuga*, a idade das trevas.

Estamos vivendo na idade das trevas – isso é o que pensa o velho, que à frente só há escuridão e nada mais. A criança pensa no futuro, no

A criança pensa no futuro, um futuro dourado, o velho pensa num passado dourado; mas isso só acontece na linha horizontal. Na linha vertical, o passado é dourado, o presente é dourado, o futuro é dourado; é uma vida de muita celebração.

futuro dourado; o velho pensa no passado dourado; mas isso só acontece na linha horizontal. Na linha vertical, o passado é dourado, o presente é dourado, o futuro é dourado; é uma vida de muita celebração.

Assim, em vez de se aborrecer com as leis da velhice, pense sobre em que linha o seu trem está se movendo. Ainda há tempo para mudar de trem; sempre há tempo para mudar de trem porque, de momento a momento, essa bifurcação está disponível. Você pode trocar, trocar do horizontal para o vertical; só isso é importante.

SINTOMAS

O ESTRANHO NA SALA DE VISITA

Uma mulher mais velha diz que notou no seu comportamento uma mudança que ela acha perturbadora. "Às vezes, percebo que estou com muita raiva, sem grande razão. Ela passa depressa, mas eu não estava consciente dela antes. Talvez eu sempre a tenha sentido?

Não, mas depois de certa idade acontece que as polaridades mudam. Este é um processo muito sutil.

Todo homem tem uma mulher no inconsciente e toda mulher tem um homem no inconsciente. Conscientemente, você é uma mulher, de modo que você usa suas faculdades femininas – e quanto mais as usa, mais elas se esgotam; mas o inconsciente que não é usado continua muito jovem e novo. Quando a parte feminina foi muito usada, aos poucos se torna mais fraca e, então, chega um momento em que ela se acha tão frágil que a parte masculina inconsciente se torna mais forte do que ela.

No princípio, a feminina era a parte mais forte – por isso você era uma mulher. Por exemplo, você era 70 por cento mulher, 30 por cento homem – os 30 por cento eram reprimidos, estavam sujeitos ao inconsciente pelos 70 por cento mulher. O uso contínuo da mulher torna essa parte consciente cada vez mais fraca. Chega um momento em que ela fica abaixo de 30 por cento – então, de repente, a roda gira e a parte mais forte assume o comando. Torna-se muito forte, e você se surpreende porque nunca teve conhecimento dela. E o mesmo acontece aos homens – eles se tornam femininos à medida que envelhecem.

Na mulher, por volta dos 49 anos, na idade de menopausa, esse equilíbrio começa a mudar. Uma vez que a menstruação se interrompe, o equilíbrio começa a mudar. Cedo ou tarde, a pessoa descobre um novo ser vindo à luz... um estranho. A pessoa está perplexa, confusa, porque não sabe conviver com esse estranho. Ele sempre esteve lá – mas sempre esteve no porão. Nunca fez parte de seus afazeres domésticos; nunca subiu a escada. Agora, de repente, ele sai do porão – não só isso, ele se senta na sala de visita e tenta tomar conta de tudo! E ele é poderoso.

Assim, só resta aceitar isso e observar. Não lute contra isso, não tente reprimir isso. Você não pode fazer isso agora. Apenas se torne cada vez mais consciente, e essa consciência trará uma atitude totalmente nova. Você saberá que não é nem homem nem mulher. Ser mulher era apenas um papel – agora isso é substituído por outro papel; a parte rejeitada veio à luz. A parte conquistada agora se tornou o conquistador; mas você não é nenhuma das duas – eis por que esse jogo é possível.

Se você fosse realmente uma mulher, as energias masculinas não

Tudo o que vem tem de ir. Tudo o que se levanta tem de cair. Toda onda que se forma tem de desaparecer; deve haver um tempo em que ela desaparece. Aos catorze anos, o sexo se manifesta, aos 49 ou perto disso, se vai.

poderiam tomar posse de você. Você não era nem mulher nem homem – um dia, a parte feminina era mais poderosa; desempenhava o seu papel. Agora a outra parte está tentando desempenhar o seu papel. Todas as mulheres de idade ficam mais masculinas – eis por que as sogras são tão perigosas! É uma coisa natural que acontece; nada pode ser feito quanto a isso. Você só tem de ficar atento. Tem de observar, ficar à margem e ver todo o jogo. Então, uma terceira entidade, que não é nem uma coisa nem outra, torna-se clara – você é apenas um ser que testemunha, uma alma que testemunha.

As mulheres de idade ficam mais masculinas – eis por que as sogras são tão perigosas! É uma coisa natural que acontece; nada pode ser feito quanto a isso. Você só tem de ficar atento.

A masculinidade está no corpo, a feminilidade está no corpo – a mente segue as sombras, os reflexos. Bem no seu íntimo, no âmago do seu ser, você não é nenhum dos dois – nem homem nem mulher. Agora esse fato precisa ser entendido – uma vez que ele é entendido, você pode rir de tudo. E quando isso acontece, todo o poder da raiva, da insensibilidade, desaparece. Você não se torna uma mulher novamente, mas tampouco é um homem. Você fica totalmente diferente.

É assim que as pessoas realmente são. Isso é o que as religiões chamam de transcendência, de transcendente – e o homem é o único animal capaz de transcender a si mesmo. Essa é a sua beleza – ele pode transcender o homem, a mulher, este papel, aquele papel, o bom, o mau, o moral, o imoral. Ele pode transcender tudo e chegar a um ponto em que ele é apenas pura consciência, apenas uma sentinela na colina. Portanto, não se preocupe com isso – só observe. Só seja feliz!

MENOPAUSA – ISSO NÃO É SÓ "COISA DE MENINA"

Um homem de 48 anos diz que tem um bloqueio sexual, que ele sente como uma indisposição para dizer o que realmente quer quando está com uma mulher. Ele também notou que sua sexualidade parece estar em declínio.

Chegou a hora, hein? Por volta dos 49 anos, dá-se também uma menopausa para os homens, não só para as mulheres. A menopausa masculina é muito sutil, mas existe – agora, até a pesquisa científica afirma isso. Esse foi um fato conhecido pelo Tantra durante séculos... porque basicamente a química do homem e a química da mulher não podem ser tão diferentes. Eles são diferentes, mas não podem ser *tão* diferentes.

Quando a mulher se torna sexualmente madura, por volta dos doze, treze, catorze anos, o homem se torna maduro mais ou menos na mesma época. Então, será muito injusto que a mulher tenha uma menopausa em torno dos 49 anos e que o homem não tenha nenhuma menopausa; isso simplesmente provará que Deus também é um porco chauvinista! Isso é injusto e não é possível.

Bem no seu íntimo, no âmago do seu ser, você não é nenhum dos dois – nem homem nem mulher. Agora esse fato precisa ser entendido – uma vez que ele é entendido, você pode rir de tudo. E quando isso acontece, todo o poder da raiva, da insensibilidade, desaparece.

Há uma diferença com os homens – eis por que ela nunca foi detectada até agora – mas nestes últimos anos, muitas pesquisas foram feitas e passou-se a acreditar numa menopausa masculina. E assim como a mulher tem regras a cada 28 dias, o homem também tem esses períodos. Durante três ou quatro dias a mulher entra num estado de depressão, num estado negativo – e o homem também; mas, pelo fato de o sangue da mulher ser visível, não há nenhuma necessidade de refletir isso – e a mulher sabe que seu período chegou, que a depressão e a negatividade afloram e ela se torna muito sombria e triste por dentro.

A liberação do homem não é tão evidente, mas certa energia é liberada a cada mês – por três ou quatro dias, o homem também se torna vítima da depressão, da negatividade. Se você mantiver um registro durante alguns meses, você poderá ver que exatamente a cada 28 dias você se torna negativo por três ou quatro dias – inesperadamente, sem nenhuma razão. Basta manter um pequeno diário e isso se torna claro a você. E acontece que em torno dos 49 anos a menopausa se aproxima – isso não é nada que cause transtorno; é natural. As energias sexuais declinam – mas, com isso, podem aumentar as energias espirituais. Se se dá o passo certo, então as energias da sexualidade que declinam podem significar o aumento das energias espirituais – porque é a mesma energia que toma um ritmo ascendente. E quando o interesse sexual diminui, há uma possibilidade maior de intensificar suas energias.

> Será muito injusto que a mulher tenha uma menopausa em torno dos 49 anos e que o homem não tenha nenhuma menopausa; isso simplesmente provará que Deus também é um porco chauvinista! Isso é injusto e não é possível.

Assim, não encare isso de modo negativo – isso pode vir a ser uma grande bênção: aceite o fato. E não há nenhuma necessidade de se preocupar com isso; aceite apenas. Deixe que seja assim e não pense em termos de "bloqueios" – isso será um erro. Se um jovem de vinte ou de 25 anos sente um declínio na energia sexual, então existe um bloqueio, algo tem de ser feito. Se um homem depois dos 49 anos não sente um declínio sexual, então algo está errado. Algo tem de ser feito – isso significa que ele não está ascendendo, está preso.

E no Ocidente isso se tornou um problema, porque lá o sexo parece ser a única forma de vida. Assim, no momento em que a energia sexual começa a declinar, o homem quase sente que está morrendo. No Oriente, nos sentimos muito felizes quando a energia sexual declina, imensamente felizes, porque a pessoa não vive mais esse tumulto, esse pesadelo.

Não há nada a lamentar – não há nenhum bloqueio nisso. Em um ano, as coisas vão se assentar e você chegará a um plano superior: você poderá ver a vida sob uma luz diferente e com uma cor diferente. Os homens não se parecerão muito com homens e as mulheres não se parecerão muito com mulheres. Haverá mais seres humanos no mundo, além de homens e mulheres... e esse é um mundo totalmente diferente – de seres humanos. Na realidade, olhar para uma mulher como mulher, para um homem como um homem, não é correto – mas o sexo cria essa divisão. Quando o sexo não é mais uma força de divisão, você vê seres humanos apenas.

> A energia da sexualidade que declina pode significar o aumento das energias espirituais – porque é a mesma energia que toma um ritmo ascendente.

O VELHO SUJO

É por causa de uma longa tradição de repressão na sociedade que o velho sujo existe. É por causa dos seus santos, dos seus padres, dos seus puritanos, que ele existe.

Se deixarmos que as pessoas vivam sua vida sexual com alegria, quando estiverem se aproximando dos 42 anos — lembre-se, estou dizendo 42, não 84 — só quando elas estiverem se aproximando dos 42 o sexo começará a perder seu apelo. Da mesma maneira que o sexo aflora e se torna muito poderoso aos catorze, quando a pessoa tem 42 anos ele começa a desaparecer. É um curso natural. E quando o sexo desaparece, o velho tem um amor, uma compaixão de um tipo totalmente diferente. Não há luxúria no seu amor, nem desejo; ele não quer conseguir nada com isso. Seu amor tem pureza, inocência; ele é alegria.

O sexo lhe dá prazer. E o sexo só lhe dá prazer quando você o procura; então o prazer é o resultado final. Se o sexo se torna irrelevante — não reprimido, mas porque você teve dele uma experiência tão profunda que ele não tem mais nenhum valor... você o conheceu e o conhecimento sempre traz liberdade. Você o conheceu totalmente, e, por isso, o mistério acabou, não há nada mais a explorar. Nesse conhecimento, toda a energia, a energia sexual, é transmudada em amor, em compaixão. A pessoa esbanja alegria. Então, o velho é o homem mais belo do mundo, o mais "limpo".

Em nenhum idioma existe a expressão "velho limpo". Eu nunca

> Na realidade, olhar para uma mulher como mulher, para um homem como um homem, não é correto — mas o sexo cria essa divisão. Quando o sexo não é mais uma força de divisão, você vê seres humanos apenas.

ouvi; mas essa expressão, "velho sujo", existe em quase todos os idiomas. A razão é que o corpo fica velho, se cansa, quer se livrar da sexualidade – mas a mente, por causa dos desejos reprimidos, ainda tem desejos. Quando o corpo não é capaz e a mente sempre o assombra por algo que o corpo é incapaz de fazer, o velho de fato está em apuros. Seus olhos brilham com o sexo, com a luxúria; mas seu corpo está morto e apático. E sua mente continua a espicaçá-lo. Ele começa a ter um olhar "sujo", uma expressão "suja"; ele começa a ter algo feio nele.

Isso me faz lembrar a história do homem que ouviu por acaso a sua mulher com a irmã dela discutindo sobre suas freqüentes viagens de negócios para outras cidades. A irmã sugeria que a irmã deveria se preocupar com o fato de seu marido andar acompanhado nesses hotéis elegantes, nas convenções, com tantas mulheres atraentes, livres e bem-sucedidas.

"Eu, me aborrecer?", disse a mulher. "Por quê?, ele nunca me enganaria. Ele é muito fiel, muito decente... muito velho."

Cedo ou tarde, o corpo envelhece; ele é obrigado a isso; mas se você não viveu os seus desejos, eles clamarão ao seu redor, eles estão fadados a criar algo feio em você. Ou o velho se torna o homem

Se deixamos que as pessoas vivam sua vida sexual com alegria, quando estiverem se aproximando dos 42 anos – lembre-se, estou dizendo 42, não 84 – só quando elas estiverem se aproximando dos 42, o sexo começará a perder seu apelo.

mais bonito do mundo, porque atinge uma inocência que é a mesma da de uma criança, ou chega a uma inocência ainda mais profunda do que a da criança... ele se torna um sábio. Mas se os desejos ainda estão nele, se precipitando como corrente subterrânea, então ele se vê presa de um tumulto.

Um homem muito velho foi preso enquanto tentava molestar sexualmente uma jovem. Ao ver esse velho de 84 anos no tribunal, o juiz mudou a acusação de estupro para assalto com arma de fogo.

Se você estiver ficando velho, lembre-se de que a velhice é o ponto máximo da vida. Lembre-se de que a velhice pode ser a experiência mais bela – porque a criança tem esperanças quanto ao futuro, ela vive no futuro, deseja muito fazer isto, fazer aquilo. Toda criança pensa que vai ser alguém especial – Alexandre o Grande, Josef Stalin, Mao Zedong – ela vive nos desejos e no futuro. O jovem é por demais presa dos instintos, todos os instintos que irrompem nele. O sexo está ali – a pesquisa moderna diz que todo homem pensa pelo menos uma vez em sexo a cada três minutos. As mulheres são um pouco melhores; pensam em sexo a cada seis minutos. É uma grande diferença, quase o dobro – isso pode ser a causa de muitas rupturas entre maridos e mulheres!

Quando a cada três minutos o sexo de alguma maneira reluz na mente – o jovem é possuído de forças naturais tão grandes que não pode ser livre. A ambição está ali, e o tempo está correndo rapidamente; ele tem de fazer algo. Todas essas esperanças e desejos e fantasias de infância têm de ser satisfeitos; ele está com pressa.

O velho sabe que esses desejos infantis eram realmente infantis. O velho sabe que todos esses dias de juventude e tumulto se foram. O velho está no mesmo estado em que se achava quando a tempestade se foi e o silêncio prevaleceu – esse silêncio pode ser de grande beleza, profundidade, riqueza. Se o velho é realmente maduro, o que muito raramente acontece, então ele será belo; mas as pessoas só crescem em idade, elas não amadurecem. Daí o problema.

Cresça, torne-se mais maduro, mais alerta e consciente. E a velhice é a última oportunidade que lhe é dada: antes de a morte vir, prepare-se. E como alguém se prepara para a morte? Dedicando-se mais à meditação.

Se alguns desejos ocultos ainda estão ali, e o corpo está envelhecendo sem ser capaz de satisfazer esses desejos, não se preocupe. Medite acerca desses desejos, observe, esteja atento. Pelo simples fato de estar atento, alerta e vigilante, esses desejos e a energia neles contida podem ser transmudados; porém, antes que a morte chegue, livre-se de todos os desejos. Quando eu digo para se livrar de todos os desejos, simplesmente quero dizer estar livre de todos os *objetos* do desejo. Então, há um desejo puro – este é divino, é Deus. Então, há pura criatividade sem objeto, sem destinatário, sem direção, sem um alvo – apenas energia pura, um reservatório de energia que vai para lugar nenhum. Eis o que é o estado do buda.

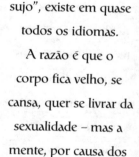

Essa expressão, "velho sujo", existe em quase todos os idiomas.

A razão é que o corpo fica velho, se cansa, quer se livrar da sexualidade – mas a mente, por causa dos desejos reprimidos, ainda tem desejos.

AMARGURA

Sentimos amargura porque não somos o que deveríamos ser. Todo mundo está se sentindo amargo porque todos sentem que isso não é o que a vida deveria ser; se isso for tudo, então é nada. Deve haver algo mais e, a menos que encontre esse algo mais, a pessoa não pode deixar de lado a amargura. Dessa amargura advêm a raiva, o ciúme, a violência, o ódio – todos os tipos de negatividade. A pessoa está reclamando continuamente, mas a queixa real está em algum lugar lá no fundo. Trata-se de um lamento contra a existência: "O que eu estou fazendo aqui? Por que estou aqui? Nada está acontecendo. Por que sou forçado a estar vivo, se nada está acontecendo?" O tempo continua passando e a vida permanece sem nenhuma bênção. Isso cria amargura.

Não é acidental que as pessoas velhas fiquem muito amargas. É muito difícil viver com idosos, mesmo que eles sejam os seus pais. É muito difícil pelo simples fato de que toda a vida deles se foi e eles estão se sentindo amargurados. Arranjam qualquer desculpa para transmitir sua negatividade; começam a se inquietar por qualquer coisa. Não podem aceitar que as crianças sejam felizes, que dancem, cantem, soltem gritos de alegria – eles não toleram isso. Isso é um aborrecimento para eles porque sua vida já passou. E, de fato, quando eles estão dizendo, "Não nos amole", estão simplesmente dizendo, "Como ousa ser tão alegre!" Eles estão contra os jovens, e independentemente do que estes estejam fazendo, os velhos sempre acham que eles estão errados.

> Você já ouviu falar sobre jovens em fúria, mas na verdade nenhum jovem pode ter a raiva dos velhos. Ninguém fala de velhos em fúria; mas, segundo a minha experiência – observei jovens, observei velhos –, ninguém pode ter tanta revolta quanto o velho.

Na realidade, eles estão se sentindo amargos simplesmente por causa da vida, e prosseguem achando desculpas. É muito raro achar uma pessoa idosa que não seja amargurada – isso significa que ela realmente teve uma vida boa, que realmente amadureceu. Então, os velhos têm muita beleza, o que nenhum jovem pode ter. Têm certa maturidade, experiência; eles amadureceram. Viram tanto e viveram tanto que são muito gratos a Deus.

Mas é muito difícil achar esse tipo de idoso, porque isso significa que o homem é um Buda, um Cristo. Só uma pessoa que despertou pode ser doce na velhice – porque a morte está chegando, a vida se foi, não há motivo para ser feliz? A pessoa simplesmente está com raiva.

Você já ouviu falar sobre jovens em fúria, mas na verdade nenhum jovem pode ter a raiva dos velhos. Ninguém fala de velhos em fúria; mas, segundo a minha experiência – observei jovens, observei velhos –, ninguém pode ter tanta revolta quanto o velho.

A amargura é um estado de ignorância. Você tem de ir além dela, tem de assimilar a consciência que se torna uma ponte para levá-lo além. E esse mesmo processo é uma revolução. No momento em que você realmente ultrapassou toda queixa, todo não, um grande sim aflora – apenas sim, sim, sim – há uma grande fragrância. A mesma energia que era de amargura torna-se fragrância.

TRANSIÇÕES

DO NÃO PARA O SIM

A consciência traz liberdade. Liberdade não quer dizer apenas a liberdade para agir corretamente; se esse fosse o sentido de liberdade, que tipo de liberdade seria? Se você só for livre para agir certo, então você não é livre. A liberdade implica ambas as alternativas – agir corretamente e agir errado. A liberdade implica o direito de dizer sim ou dizer não.

E isso é algo sutil para ser entendido: dizer não transmite maior impressão de liberdade do que dizer sim. E eu não estou filosofando; este é um fato simples que você pode observar em você mesmo. Sempre que diz não, você se sente mais livre. Sempre que diz que sim, você não se sente livre, porque o sim significa que você obedeceu, o sim significa que você renunciou – onde está a liberdade? Não significa que você é teimoso, que se mantém à parte; não significa que você se firmou, significa que você está pronto para lutar. O não o define mais claramente do que o sim. Este é vago, é como uma nuvem. O não é bem concreto e substancial, como uma pedra.

Eis por que os psicólogos dizem que entre sete e catorze anos de idade toda criança começa a aprender a dizer não cada vez mais. Ao dizer não, ela está saindo do útero psicológico da mãe. Até mesmo quando não há necessidade de dizer não, ela diz não. Até mesmo quando dizer sim a beneficia, ela dirá não. Há muita coisa em jogo; ela tem de aprender a dizer não cada vez mais. Quando tem catorze anos e está sexualmente madura, ela diz o não máximo para a mãe – apaixona-se por uma mulher. Esse é o seu derradeiro não para a mãe; a criança está voltando as costas para a mãe. Ela diz, "Tudo acabou entre nós. Escolhi uma mulher. Tornei-me uma pessoa, independente por direito. Quero viver a minha vida, quero agir por mim mesmo".

E se os pais insistirem, "Corte o cabelo curto", a criança vai deixá-lo crescer. Se os pais insistirem, "Deixe o cabelo crescer", ela vai cortá-lo. Basta observar... Quando os *hippies* se tornam pais, então eles vêem, os filhos deles têm os cabelos curtos porque têm de aprender a dizer não.

Se os pais insistirem "O asseio está próximo da santidade", os filhos começarão a viver em todo tipo de sujeira. Estarão sujos, não tomarão banho; não se limparão, não usarão sabão. E vão achar motivos para demonstrar que o sabão é perigoso à pele, que não é natural, que nenhum animal usa sabão. Eles podem achar tantas razões quanto possível, mas no fundo todas elas são apenas desculpas. A verdade é que eles querem dizer não. E é claro que, quando você quer dizer não, você tem de achar razões para isso.

Portanto, o não lhe dá certo sentido de liberdade; e não só isso, também lhe dá certo sentido de inteligência. Dizer sim não requer nenhuma inteligência. Quando você diz sim, ninguém lhe pergunta por quê. Quando você já disse sim, quem se importa em lhe perguntar por quê? Não há nenhuma necessidade de qualquer raciocínio ou discussão; você já disse sim. Quando você diz não, a conseqüência é que pergunte a si mesmo por quê. Ele aguça a sua inteligência, dá-lhe uma definição, um estilo; dá-lhe liberdade.

Observe a psicologia do não. É muito difícil para os seres humanos estar em harmonia, e é assim por causa da consciência. Esta dá liberdade; a liberdade dá-lhe a capacidade para dizer não, e há mais possibilidades de dizer não do que de dizer sim.

Sem o sim, não há nenhuma harmonia; o sim é harmonia. Mas leva tempo crescer, amadurecer, chegar a essa maturidade em que você pode dizer sim e ainda continuar livre; em que você pode dizer sim e ainda continuar único; em que você pode dizer sim sem se tornar um escravo.

A liberdade que nasce do não é uma liberdade muito infantil. Ela é boa para pessoas entre sete e catorze anos. Mas se uma pessoa fica presa nessa liberdade e se toda a sua vida se resume em dizer não, então ela parou de crescer.

O crescimento máximo é dizer sim com tanta alegria quanto uma criança ao dizer não. Essa é uma segunda infância. E o homem que pode dizer sim com grande liberdade e alegria, sem hesitação, sem amarras, sem condições – uma alegria pura e simples, um sim puro e simples –, esse homem tornou-se um sábio. Ele vive novamente em harmonia, e essa harmonia é de uma dimensão totalmente diferente da harmonia das árvores, dos animais e dos pássaros. Eles vivem em harmonia porque *não podem* dizer não, e o sábio vive em harmonia porque ele *não* diz não. Entre os dois, os pássaros e os budas, estão todos os seres humanos – não-crescidos, imaturos, infantis, presos em algum lugar, ainda tentando dizer não, tentando ter alguma sensação de liberdade.

> Amadurecer, chegar a essa maturidade em que você pode dizer sim e ainda continuar livre; em que você pode dizer sim e ainda continuar único; em que você pode dizer sim sem se tornar um escravo, exige tempo.

Eu não estou dizendo para você não aprender a dizer não. Estou dizendo para você aprender a dizer não quando for a hora de dizer não, sem se prender a ele. Aos poucos, conscientize-se de que há uma liberdade superior que acompanha o sim, e mais harmonia.

INTEGRAÇÃO E CONCENTRAÇÃO

A integração já está no âmago do seu ser. No seu próprio centro você está integrado; caso contrário, você não poderia existir. Como você pode existir sem um centro? O carro se move porque há um centro imóvel em que a roda se move – ela se move sobre o eixo. Se o carro está se movendo, é porque o eixo está ali. Você pode conhecê-lo, ou não.

Você está vivo, está respirando, consciente; a vida está se movendo; portanto, deve haver um eixo para a roda da vida. Você pode não estar consciente disso, mas ele está ali. Sem ele, você não pode existir.

Assim, a primeira coisa fundamental é: vir a ser não é o problema. Você já é. Você só tem de entrar e ver. Trata-se de uma descoberta, não de uma realização. Você sempre a esteve carregando em si mesmo. Mas você ficou muito preso à periferia, com as costas voltadas para fora. Você também ficou demasiado interessado no que acontece fora; assim você não consegue olhar para dentro.

O crescimento máximo é dizer sim com tanta alegria quanto uma criança ao dizer não. Essa é uma segunda infância. E o homem que pode dizer sim com grande liberdade e alegria, sem hesitação, sem amarras, sem condições – uma alegria pura e simples, um sim puro e simples –, esse homem tornou-se um sábio.

Crie um pouco de introvisão. A palavra introvisão é bela – ela significa "visão interior, olhar internamente, ver dentro". Os olhos se abrem para fora, as mãos se estendem para fora, as pernas se projetam além de você. Sente-se em silêncio, relaxe a periferia, feche os olhos e apenas entre... e sem nenhum esforço. Apenas relaxe – como alguém que se afoga e não pode fazer nada. Continuamos agindo mesmo quando estamos nos afogando.

Se você puder deixar que isso simplesmente aconteça, você voltará à superfície. Livre das névoas, você verá o centro que vem à luz.

> Você já é. Você só tem de entrar e ver. Trata-se de uma descoberta, não de uma realização. Você sempre a esteve carregando em si mesmo.

Há dois modos de vida. Um é o modo de ação – você faz algo. O outro é o modo de recepção – você simplesmente recebe. O modo de ação é exterior. Se você quer mais dinheiro, não pode apenas ficar sentado. Ele não virá desse modo. Você terá de lutar por ele, competir, e terá de usar todos os recursos e meios – legais, ilegais, certos, errados. O dinheiro não virá se você ficar sentado. Se você quiser ficar mais poderoso, se quiser se tornar um político, terá de fazer algo quanto a isso. Essas coisas não virão por si mesmas.

Há um modo de ação; este é o modo exterior. E há um modo de inação também: você não faz nada, simplesmente deixa acontecer. Nós esquecemos essa linguagem. Essa linguagem esquecida tem de ser aprendida novamente.

A integração não tem de ser criada – ela já está ali. Não sabemos mais como olhar para ela, como entendê-la. Passe cada vez mais do modo de ação para o modo receptivo, passivo.

Transições

Não estou dizendo para deixar o mundo da ação – porque isso o deixará desequilibrado novamente. Nesse momento você está desequilibrado. Você só tem um modo para a sua vida, e esse é a ação, fazer algo. Há pessoas que não podem pensar em se sentar em silêncio; isso é impossível. Elas não podem proporcionar a si mesmas um momento de relaxamento. Só estão interessadas na ação. Se algo estiver sendo feito, elas estão interessadas. Se se trata de apenas um pôr-do-sol, qual é a importância de se olhar para ele?

Você só está interessado na ação, se algo está acontecendo. Isso se tornou demasiado rígido. Isso deve passar por um ligeiro relaxamento: você precisa entregar-se totalmente por alguns momentos, por algumas horas, às vezes durante alguns dias, para o outro modo de vida, apenas sentado e deixando que as coisas aconteçam. Quando você olha para o pôr-do-sol, não se espera que você faça algo. Você simplesmente olha. Quando você olha para uma flor, o que se espera que você faça? Você simplesmente olha.

Na realidade, não há nenhum esforço, nem o de olhar para a flor. Isso não requer esforço. Seus olhos estão abertos, a flor está ali... Cria-se um momento de profunda comunhão quando o que é olhado e quem olha desaparecem. Então, há beleza, há bênção. De repente, você não é o observador, e a flor não é o observado – porque, para observar, ainda deve haver alguma ação. Agora você está ali e a flor está ali, e de alguma maneira você sobrepõe os limites um do outro. A flor entra em você, vo-

Há um modo de ação; este é o modo exterior.

E há um modo de inação também: você não faz nada, simplesmente deixa acontecer. Nós esquecemos essa linguagem.

Essa linguagem esquecida tem de ser aprendida novamente.

cê entra na flor, e há uma revelação súbita, independentemente de chamar-se beleza, verdade, Deus.

Esses momentos raros têm de ser criados cada vez mais. Eu não posso dizer que eles têm de ser cultivados, não posso dizer que você deve treinar para esses momentos, não posso dizer que você tem de fazer algo – porque outra vez isso será usar a linguagem do modo de ação e será algo muito mal interpretado. Não; eu só posso dizer que você aceite esses momentos cada vez mais. Às vezes, simplesmente não faça nada. Relaxe, deitado sobre a grama e olhe para o céu. Às vezes, feche os olhos e apenas olhe para o seu mundo interior – pensamentos movendo-se, flutuando; desejos surgindo, passando. Olhe para o mundo de sonhos coloridos que transcorrem dentro de você. Basta olhar. Não diga, "Eu quero deter esses pensamentos" – outra vez você passou ao modo de ação. Não diga, "Estou meditando – vão embora! Afastem-se de mim, pensamentos" – porque, se começar a dizer isso, terá começado a fazer algo. Como se você não...

Há ainda uma das meditações mais antigas usadas em alguns mosteiros do Tibete. A meditação está baseada na verdade que eu estou dizendo a você. Eles ensinam que, às vezes, você simplesmente pode desaparecer. Sentado no jardim, você só começa a sentir que está desaparecendo. Apenas veja como se parece o mundo quando você se afastou dele, quando você não está mais aqui, quando você ficou absolutamente transparente. Por um único segundo, tente apenas não existir.

Na sua própria casa, seja como se você não existisse.

É só pensar; um dia você não existirá mais. Um dia você terá ido, estará morto; o rádio ainda continuará, a esposa ainda preparará o café da manhã, os filhos ainda estarão se preparando para a escola. Pense: hoje você se foi, simplesmente não existe mais. Torne-se um fantasma. Sentado em sua cadeira, você simplesmente desaparece, simplesmente pensa, "Não tenho mais realidade; eu não existo". E veja apenas como a casa continua. Haverá grande paz e silêncio. Tudo continuará como está. Sem você, tudo continuará como está. Nada se perderá. Então, de que vale ficar sempre ocupado, fazendo algo, fazendo algo, obcecado pela ação? De que vale? Você terá ido embora, e tudo o que tiver feito desaparecerá – como se você tivesse assinado seu nome na areia, e o vento viesse, e a assinatura desaparecesse... e tudo está acabado. Exista como se nunca tivesse existido.

Realmente, esta é uma bela meditação. Você pode repeti-la muitas vezes em 24 horas. Só meio segundo será suficiente; por meio segundo, simplesmente pare... você não existe... e o mundo continua. Quando você se torna cada vez mais consciente para o fato de que sem você o mundo continua perfeitamente bem, então você pode conhecer outra parte do seu ser que fora negligenciada por muitas vidas – e essa é o modo receptivo. Você simplesmente permite, você se torna uma porta. As coisas prosseguem acontecendo sem você.

Isso é o que Buda quer dizer quando afirma, "Torne-se uma madeira a flutuar. Flutue no rio como madeira e, para onde quer que ele corra, deixe que ele leve você; você não faz nenhum esforço". Toda a abordagem budista pertence ao modo receptivo. Eis por que você vê Buda sentado debaixo de uma árvore. Todas as imagens dele são de alguém sentado, sentado sem fazer nada. Ele simplesmente está sentado ali, sem fazer nada.

Sentado no jardim, você só começa a sentir que está desaparecendo. Apenas veja como se parece o mundo quando você se afastou dele, quando você não está mais aqui, quando você ficou absolutamente transparente. Por um único segundo, tente apenas não existir.

Você não tem esse tipo de imagem de Jesus. Ele ainda continua seguindo o modo de ação. Eis o ponto em que a Cristandade deixou escapar a possibilidade mais profunda: a Cristandade tornou-se ativa. O missionário cristão continua a servir os pobres, vai ao hospital, faz isto e aquilo, e todo o seu esforço é fazer algo bom. Sim, muito bom – mas ele permanece no modo de ação, e Deus só pode ser conhecido no modo receptivo. Por isso, um missionário cristão é um homem bom, um homem muito bom, mas não, no sentido oriental, um santo.

Agora até mesmo no Oriente, quando uma pessoa continua fazendo coisas é venerada como um Mahatma – porque o Oriente é pobre, doente. Há milhares de leprosos, pessoas cegas, sem educação; elas precisam de educação, precisam de medicamentos, de serviço, de mil e uma coisas. De repente, a pessoa ativa se tornou importante – assim, Gandhi é um Mahatma e Madre Teresa de Calcutá tornou-se muito importante. Mas ninguém se preocupa em saber se eles chegaram ou não a esse modo receptivo.

Agora, se o Buda chega, ninguém vai respeitá-lo, porque ele não estará dirigindo uma escola nem um hospital. Ele estará sentado novamente debaixo de uma árvore bodhi, apenas sentado, em silêncio. Não que nada seja feito por ele – grandes vibrações são criadas pelo seu ser, mas elas são

>
> Realmente, esta é uma bela meditação. Você pode repeti-la muitas vezes em 24 horas. Só meio segundo será suficiente; por meio segundo, simplesmente pare... você não existe... e o mundo continua. Quando você se torna cada vez mais consciente para o fato de que sem você o mundo continua perfeitamente bem, então você pode conhecer outra parte do seu ser.

muito sutis. Ele transforma todo o mundo sentando-se sob sua árvore bodhi, mas, para perceber essas vibrações, você terá de estar sintonizado, terá de crescer. Reconhecer um Buda é já estar no caminho. Reconhecer uma Madre Teresa é muito fácil, não há nada de mais nisso. Qualquer pessoa pode ver que ela está fazendo um bom trabalho.

Fazer um bom trabalho é uma coisa, e ser bom é totalmente diferente. Não estou dizendo que você não faça bons trabalhos. Estou dizendo: deixe que os bons trabalhos nasçam do fato de você *ser* bom.

Primeiro, chegue ao modo receptivo; primeiro, chegue ao passivo; primeiro, chegue ao não-ativo. E quando o seu ser interior floresce e você é obrigado a conhecer a integração por dentro – que sempre está lá, o centro sempre está lá – quando você tiver reconhecido esse centro, de repente a morte desaparecerá para você. De repente, todas as preocupações desaparecem porque agora você não é mais um corpo, não é mais uma mente.

Então, a compaixão surge, o amor surge, a oração surge. Você se torna uma chuva, uma bênção para o mundo. Agora, ninguém pode dizer o que acontecerá a esse homem – se ele irá e se tornará um revolucionário como Jesus, se perseguirá os prestamistas do templo, ou se irá e servirá os pobres, ou se continuará apenas sentado sob a árvore bodhi, espalhando seu perfume, ou se se tornará uma Meera e dançará e cantará a glória de Deus. Ninguém sabe; é imprevisível.

> Fazer um bom trabalho é uma coisa; ser bom é totalmente diferente. Não estou dizendo que você não faça bons trabalhos. Estou dizendo: deixe que os bons trabalhos nasçam do fato de você *ser* bom.

Todo o meu esforço aqui é deixá-lo consciente de que nada é necessário, nada mais é necessário. Você já tem isso, existindo em você.

Mas você tem de fazer abordagens, criar portas, meios de descobri-lo. Você tem de escavar para conseguir isso; o tesouro está ali.

Eu gostaria de ensinar-lhe uma técnica. É uma técnica muito simples, mas no princípio parece muito difícil. Se você tentar, achará simples. Se não tentar e só pensar nela, parecerá muito difícil. A técnica é: só faça aquilo de que gosta. Se não gosta, não faça. Tente – porque o prazer só advém do seu centro. Se você está fazendo algo e gosta disso, você começa a se ligar de novo ao centro. Se você faz algo de que não gosta, está desligado do centro. A alegria vem do centro e de nenhum outro lugar. Assim, que ela seja um critério, e você alguém fanático por ela.

Você está caminhando pela estrada; de repente, reconhece que não está desfrutando o passeio. Pare. Terminou – isso não deve ser feito.

Eu costumava fazer isso nos meus tempos de universitário, e as pessoas achavam que eu era louco. De repente, eu parava, e então ficava no mesmo lugar por meia hora, uma hora, a menos que começasse a me divertir novamente com a caminhada. Meus professores tinham tanto medo, que, quando havia exames, eles me punham num carro e me levavam para a entrada da universidade. Eles me deixavam à porta e esperavam lá: será que eu tinha ido para a minha

---

> Faça aquilo de que gosta. Se não gosta, não faça. Tente – porque o prazer só advém do seu centro. Se você está fazendo algo e gosta disso, você começa a se ligar de novo ao centro. Se você faz algo de que não gosta, está desligado do centro. A alegria vem do centro e de nenhum outro lugar. Assim, que ela seja um critério, e você alguém fanático por ela.

carteira ou não? Se eu estivesse tomando meu banho e de repente percebesse que não estava gostando, eu parava. E daí? Se eu estivesse comendo e reconhecesse, de repente, que não estava gostando, eu parava.

Eu fui fazer parte das aulas de matemática no colegial. No primeiro dia, entrei e o professor já estava apresentando a matéria. No meio da aula eu me levantei e tentei sair. Ele disse, "Aonde você vai? Se não pedir, não vou deixar que você entre de novo". Eu disse, "Não vou voltar; não se preocupe. Eis por que não estou pedindo. Ponto final – eu não estou gostando. Vou achar alguma outra matéria que eu possa aproveitar, porque, se não puder gostar dela, não vou fazê-la. É uma tortura, uma violência".

E, aos poucos, isso se tornou uma chave. De repente, compreendi que sempre que você está gostando de algo, você está concentrado. O prazer é só a impressão de estar concentrado. Sempre que você não está gostando de algo, está fora do centro. Então, não force; não há nenhuma necessidade disso. Se as pessoas acham que você está louco, que achem. Em alguns dias, por sua própria experiência, você irá descobrir como estava se afastando de você mesmo. Você estava fazendo mil e uma coisas, de que jamais gostava, e ainda as estava fazendo porque lhe ensinaram assim. Você só estava cumprindo o seu dever.

As pessoas destruíram até mesmo essa coisa bonita que é o amor. Você volta para casa e beija sua mulher porque tem de ser assim, isso tem de ser feito. Agora, algo tão bonito como o beijo, algo semelhante a uma flor, foi destruído. Aos poucos, sem ter prazer nisso, você continuará beijando sua mulher; esquecerá da alegria de beijar outro ser humano. Você dá um aperto de mão em qualquer pessoa que encontre – frio, desprovido de sentido, de mensagem, sem calor humano. Apenas mãos mortas tocando-se e dizendo olá. Então você começa, aos poucos, a aprender esse gesto mortal, esse gesto frio. Você se torna gélido, um cubo de gelo. E então você diz, "Como atingir o centro?"

O centro está disponível quando você é cálido, quando está fluindo, fundindo-se, apaixonado, alegre, dançando, em júbilo. Isso cabe a você. Continue fazendo apenas as coisas que você *realmente* gosta de fazer. Se você não gosta, pare. Ache qualquer outra coisa de que goste. Haverá algo de que você gostará. Nunca conheci uma pessoa que não gostasse de algo. Há pessoas que podem não gostar de uma coisa ou de outra, mas a vida é gigantesca. Não se comprometa; flutue apenas. Deixe que haja mais fluxo de energia. Deixe que ela flua, que se encontre com outras energias que o cercam. Em breve, você poderá ver que o problema não era saber como se tornar integrado; o problema era que você não sabia mais como fluir. Numa energia que flui, você está sempre integrado. Às vezes, isso também acontece acidentalmente mas o motivo é o mesmo.

> Sempre que você está gostando de algo, você está concentrado. O prazer é só a impressão de estar concentrado.

Às vezes, você se apaixona por uma mulher ou por um homem, e de repente você se sente integrado, de repente sente que você é uno pela primeira vez. Seus olhos têm um brilho, seu rosto tem um brilho, seu intelecto não está mais entorpecido. Algo começa a brilhar no seu ser; ouve-se uma canção; seu passeio é como uma dança. Você é um ser totalmente diferente.

Mas esses momentos são raros – porque não aprendemos o segredo. O segredo é que deve haver algo de que você começou a gostar. Esse é todo o segredo. Um pintor pode ter fome e pintar, e ainda assim você pode ver o contentamento em seu rosto. Um poeta pode ser pobre, mas quando ele está cantando a sua canção, é o homem mais rico do mundo. Ninguém é mais rico do que ele. Qual é o segredo disso? O segredo é que ele está desfrutando esse momento. Sempre que você desfruta de algo, você está em harmonia consigo mesmo e também está em harmonia com o universo – porque o seu centro é o centro de tudo.

Assim, deixe que essa pequena introvisão seja um clima para você: só faça aquilo de que você gosta; caso contrário, pare. Você está lendo um jornal e, no meio, de repente, reconhece que não está gostando de ler; então não há necessidade de fazer isso. Então, por que você está lendo? Pare aqui e agora. Se você está falando com alguém e, no meio da conversa, reconhece que não está gostando, e você só disse metade de uma frase, pare nesse momento. Você não está gostando, não é obrigado a continuar. A princípio, parecerá um tanto estranho; mas eu acho que não há nenhum problema. Você pode pôr isso em prática.

Em alguns dias serão estabelecidos muitos contatos com o centro, e então você entenderá o que eu quero dizer quando repito que aquilo que você está buscando já está em você. Não está no futuro. Não tem nada que ver com o futuro. Já está aqui e agora; esse é o caso.

Deixe que haja mais fluxo de energia. Deixe que ela flua, que se encontre com outras energias que o cercam. Em breve, você poderá ver que o problema não era saber como se tornar integrado; o problema era que você não sabia mais como fluir.

QUANDO NASCIMENTO E MORTE SE TORNAM UMA COISA SÓ

Uma árvore antiga, bem ao lado da minha casa, tem dançado na chuva, e suas folhas velhas estão caindo com muita graça e beleza. A árvore não só está dançando na chuva e ao vento; as folhas velhas caindo da árvore também estão dançando; há uma celebração.

Exceto o homem, em toda a existência ninguém sofre com a velhice; na realidade, a existência não sabe nada sobre velhice. Ela sabe acerca de amadurecimento. Sabe que há um tempo para dançar, para viver de maneira intensa e plena tanto quanto possível, e que há um tempo para descansar.

Essas folhas velhas da amendoeira ao lado da minha casa não estão agonizando; vão simplesmente descansar, fundir-se e unir-se na mesma terra da qual surgiram. Não há nenhuma tristeza, nenhuma lamentação, mas uma imensa paz em descansar na eternidade. Talvez num outro dia, numa outra época elas retornem, com alguma outra forma, em outra árvore. Elas dançarão novamente; cantarão novamente; usufruirão o momento.

A existência só conhece uma mudança circular do nascimento até a morte, da morte ao nascimento, e é um processo eterno. Todo nascimento implica morte e toda morte implica nascimento. Todo nascimento é precedido por uma morte e a toda morte sucede um nascimento. Conseqüentemente, a existência não tem medo. Não há medo em nenhum lugar exceto na mente do homem.

O homem parece ser a única espécie doente em todo o cosmos. Onde está essa doença? Realmente deveria ter sido de outra forma... o homem deveria ter desfrutado mais, amado mais, vivido mais cada momento. Quer se trate da infância ou da juventude ou da velhice, quer se trate do nascimento ou da morte, não importa. Você transcenderá todos esses pequenos episódios.

Sempre que você desfruta de algo, você está em harmonia consigo mesmo e está em harmonia com o universo – porque o seu centro é o centro de tudo. Assim, deixe que essa pequena introvisão seja um clima para você: só faça aquilo de que você gosta; caso contrário, pare.

Milhares de nascimentos aconteceram a você, e milhares de mortes. E os que podem ver claramente entendem isso ainda mais profundamente, como se isso acontecesse a todo momento. Algo em você morre a todo momento e algo em você nasce novamente. Vida e morte não estão separadas, não se separam por setenta anos. A vida e a morte são apenas como duas asas de um pássaro, que acontecem simultaneamente. Nem a vida pode existir sem a morte, nem a morte sem a vida. Obviamente, elas não são opostos; obviamente, são complementares. Precisam uma da outra para existir; são interdependentes. Elas são parte de um todo cósmico.

Mas, por ser o homem tão inconsciente, tão entorpecido, ele é incapaz de ver um fato simples e óbvio. Basta um pouco de consciência, não muito, para você poder ver que está mudando a todo momento. E mudança significa algo que está morrendo – algo que está renascendo. Então, nascimento e morte se tornam uma coisa só; a infância e sua inocência se tornam uma coisa só com a velhice e sua inocência.

Há uma diferença, contudo, não há nenhuma oposição. A inocência da criança é realmente pobre, porque é quase sinônimo de ignorância. O velho, maduro em idade, que passou por todas as experiências de escuridão e luz, de amor e ódio, de alegria e infelicidade, que amadureceu durante a vida em várias situações, chegou a um ponto em que não participa mais de nenhuma experiência. A infelicidade chega... ele observa. A felicidade chega e ele observa. Ele se tornou um guarda na colina. Tudo se passa nos vales sombrios, mas ele perma-

A existência não sabe nada sobre velhice. Ela sabe acerca de amadurecimento. Sabe que há um tempo para dançar, para viver de maneira intensa e plena tanto quanto possível, e que há um tempo para descansar.

nece no cume iluminado da montanha, simplesmente observando em silêncio absoluto.

A inocência da velhice é rica. É rica em experiência; é rica em fracassos, em sucessos; é rica em ações certas, em ações erradas; é rica em todos os fracassos, em todos os sucessos; é rica multidimensionalmente. Sua inocência não pode ser sinônimo de ignorância. Sua inocência só pode ser sinônimo de sabedoria.

Ambos são inocentes, a criança e o velho; mas sua inocência tem uma diferença qualitativa. A criança é inocente porque ainda não entrou na noite escura da alma; o velho é inocente – ele saiu do túnel. Uma está entrando no túnel, o outro, saindo. Uma vai sofrer muito; um já sofreu bastante. Uma não pode evitar o inferno que está à sua frente; o outro deixou o inferno para trás.

Consciente ou não, há uma vacilação no coração de todo ser humano: você está ficando velho, e depois da velhice vem o dilúvio – depois da velhice, a morte. E durante séculos o deixaram com tanto medo da morte, que a própria idéia ficou enraizada no seu inconsciente; penetrou em seu sangue, em seus ossos, em sua medula. Só a palavra o assusta – não que você saiba o que é a morte, mas, pelos milhares de anos de condicionamento quanto a morte ser o fim da sua vida, você tem medo.

Quero que você esteja absolutamente consciente de que a morte

Basta um pouco de consciência, não muito, para você poder ver que está mudando a todo momento. E mudança significa algo que está morrendo – algo está renascendo. Então, o nascimento e a morte se tornam uma coisa só; a infância e sua inocência se tornam uma caixa só com a velhice e sua inocência.

não é o fim. Na existência, nada começa e nada acaba. Basta olhar ao redor... a noite não é o fim nem é a manhã o começo. A manhã está se movendo para a noite e a noite para a manhã. Tudo simplesmente está se movendo em formas diferentes.

Não há nenhum começo e nem há um fim.

Por que deveria ser de outra forma com o homem? Ele não é uma exceção. Com essa idéia de ser excepcional, de ser mais especial do que os outros animais, árvores e pássaros, o homem criou o seu próprio inferno, sua paranóia. A idéia de que somos seres excepcionais gerou uma cisão entre você e a existência. Essa cisão causa todos os seus medos e a sua infelicidade, causa a angústia desnecessária e a ânsia em você. E todos os seus assim chamados líderes, quer religiosos, políticos ou sociais, enfatizaram a cisão; eles a aumentaram. Não houve um único esforço para superar a cisão, para levar o homem de volta à Terra, para levá-lo de volta aos animais, pássaros e árvores, e para declarar uma unidade absoluta com a existência.

Essa é a verdade de nosso ser – uma vez que ela é compreendida, você nem se aborrece com a velhice nem com a morte, porque, olhando ao redor, você pode estar absolutamente convencido de que nada começa algum dia, mas sempre esteve lá; nada termina, sempre permanecerá lá.

Mas a idéia de ser velho o enche de muita angústia. Ela significa agora que os dias de sua vida, o amor e as alegrias terminaram; que agora você só existirá no nome. Não será uma alegria mas apenas um arrastar-se para a sepultura. Obviamente, você não pode desfrutar a idéia de que você já é um fardo na existência, de que só está numa fila que se move a todo momento para o cemitério. Trata-se de um dos maiores fracassos de todas as culturas e de todas as civilizações no mundo o fato de elas não terem podido dar uma vida significativa, uma existência criativa para os seus velhos; de que elas não foram capazes de transmitir uma beleza sutil e graça, não apenas aos velhos, mas à própria morte.

E o problema se torna mais complicado porque quanto mais você tem medo da morte, mais você tem medo da vida. A cada momento vivido, a morte se aproxima... Um homem que tem medo da morte não pode estar apaixonado pela vida, porque é a vida que finalmente o leva às portas da morte. Como você pode amar a vida? Foi por essa razão que todas as religiões começaram renunciando à vida: renuncie à vida porque esse é o único modo de renunciar à morte. Se você não viver a vida, se você já não exerce mais o ofício de viver, amar, dançar, cantar, então naturalmente você não precisa ter medo da morte; você já morreu.

Chamamos essas pessoas mortas de santos; prestamos culto a elas. Fizemos isso porque sabíamos que nós também gostaríamos de ser como eles, embora não tenhamos tanta coragem. Pelo menos, podemos venerá-los e mostrar nossas intenções: "Se tivéssemos coragem, se um dia tomarmos coragem, também nós gostaremos de viver como vocês: totalmente mortos." O santo não pode morrer porque ele já morreu. Ele renunciou a todos os prazeres, a todas as alegrias; tudo o que a vida oferece, ele rejeitou. Ele devolveu o ingresso à existência, dizendo, "Não faço mais parte do espetáculo". E fechou os olhos.

> Basta olhar ao redor...
> a noite não é o fim nem é a manhã o começo.
> A manhã está se movendo para a noite e a noite para a manhã.
> Tudo simplesmente está se movendo em formas diferentes.

Aconteceu certa vez que um assim chamado santo estava me visitando. Eu o levei para o jardim – havia tantas dálias bonitas, e eu lhe mostrei essas flores belas ao sol da manhã. Ele olhou muito estranhamente para mim, um pouco aborrecido, irritado, e não pôde resistir à tentação de me condenar, dizendo, "Pensei que você fosse uma pessoa religiosa... e você ainda está apreciando a beleza das flores?" Em um ponto ele tem razão, se você está apreciando a beleza das flores, você não pode deixar de apreciar a beleza dos seres humanos. Não pode deixar de apreciar a beleza das mulheres; da música e da dança. Se você estiver interessado na beleza das flores, você demonstra que ainda está interessado na vida, que ainda não pode renunciar ao amor. Se você está atento à beleza, como pode deixar de amar?

A beleza provoca o amor; o amor partilha a beleza.

Eu disse, "Nesse ponto você tem razão, mas no segundo você está errado. Quem lhe falou que eu sou uma pessoa religiosa? Ainda não estou morto! Para ser religioso, a exigência básica é estar morto. Se você está vivo, não pode ser um hipócrita, não pode ser realmente religioso".

Quando você vê um pássaro voando, é impossível não se alegrar com sua liberdade. E quando você vê o pôr-do-sol com todas as cores dispersas no horizonte – mesmo que você feche os olhos, esse mesmo ato de os fechar mostra seu interesse. Você foi subjugado pela beleza disso.

Vida é outro nome para o amor, e o amor não é nada senão ser sensível à beleza.

Eu disse a esse assim chamado santo, "Posso renunciar à religião, mas não posso renunciar à vida, porque ela foi dada a mim pela própria existência. E a religião é só algo artificial, fabricado pelos padres e pelos políticos – fabricado para privar o homem da alegria dele, privar o homem da sua dignidade, da sua própria humanidade".

Não sou uma pessoa religiosa nesse sentido. Tenho uma definição totalmente diferente de ser religioso. Para mim, a pessoa religiosa é a que está totalmente viva, intensamente viva, animada pelo amor, atenta à vasta beleza ao seu redor, e que tem a coragem de se alegrar a cada momento da vida e também da morte. Só um homem capaz de alegria na vida e na morte – só um homem assim cria um canto que continua. Não importa se a vida está acontecendo nem se a morte está acontecendo, sua canção não é perturbada, sua dança não vacila.

Só uma alma tão aventurosa, só um peregrino da existência como esse é religioso; mas, em nome da religião, o homem recebeu pobres substitutos, falsos, forjados, sem sentido, só brinquedos com que se divertir. Venerar estátuas, entoar mantras artificiais, pagar tributos aos que foram covardes e escapistas e não foram capazes de viver a vida porque tinham muito medo da morte, e ainda chamá-los santos – a religião distraiu o homem da religiosidade verdadeira e autêntica.

Você não precisa se preocupar com a velhice. E ainda é mais belo quando as pessoas começam a pensar em você como idoso. Isso significa que você atingiu a real transcendência, viveu tudo e agora está na maturidade. Você não renunciou a nada, mas simplesmente passou por toda experiência. Você se tornou tão experiente, que agora não precisa repetir essas experiências novamente. Isso é transcendência.

Você deveria se alegrar, e eu gostaria que todo mundo entendesse a alegria, que é nosso direito inato, de aceitar com profunda gratidão a velhice e a sua consumação final na morte. Se você não é grato quanto a isso, não pode rir disso – se não pode desaparecer no eterno, deixando para trás uma risada – você não viveu corretamente. Você foi dominado e dirigido por pessoas erradas. Talvez elas tenham sido seus profetas, seus messias, seus salvadores; talvez tenham sido suas encarnações de deuses, mas elas todas foram cri-

> Para mim, a pessoa religiosa é a que está totalmente viva, intensamente viva, animada pelo amor, atenta à vasta beleza ao seu redor, e que tem a coragem de se alegrar a cada momento da vida e também da morte. Só um homem capaz de alegria na vida e na morte – só um homem assim cria um canto que continua.

minosas no sentido em que o privaram da vida e encheram-lhe o coração de medo.

Meu esforço aqui é encher seu coração de risos. Todas as fibras do seu ser deveriam gostar de dançar em cada situação, ou de dia ou de noite, quer você esteja triste quer alegre. Independentemente da situação, uma subcorrente de alegria deve continuar. Essa é a autêntica religiosidade para mim.

Alguns sutras para você:

"Um idoso é aquele que usa óculos na cama para que possa ver melhor as garotas com que sonha."

"Um idoso é aquele que só paquera jovens nas festas para que sua mulher o leve de volta para casa."

"A beleza de ser idoso é que já que você é velho demais para dar mau exemplo, você pode começar a dar bons conselhos."

"As mulheres gostam das coisas simples da vida – por exemplo, dos homens velhos. Uma vez que uma mulher começa a gostar de você, isso significa que você está acabado! Elas não têm mais medo de você, você é perfeitamente aceitável."

"Dentro de toda pessoa mais velha há uma pessoa mais jovem, querendo saber o que aconteceu."

DESISTINDO DO JOGO

Você só fica maduro quando a meditação começou; caso contrário, você permanece infantil. Seus brinquedos podem continuar mudando – as criancinhas estão brincando com brinquedinhos, as crianças grandes, as crianças de certa idade e as crianças velhas estão brincando com brinquedos grandes – mas não há nenhuma diferença qualitativa.

Repare: às vezes o seu filho faz isso. Ele sobe na mesa quando você está sentado ao lado na cadeira, e diz, "Veja, papai, sou maior do que você". Ele está de pé e no alto, na mesa, e diz, "Olhe, eu sou maior do que você", e você ri dele. Mas o que você está fazendo? Quando você tem mais dinheiro, repare só no que você faz. Você está dizendo a todos os vizinhos, "Olhem! Sou maior do que vocês". Ou, quando você se torna o presidente de um país, ou o primeiro-ministro, veja como você anda, com que arrogância, com que ego. Você está contando para todo o mundo, "Derrotei todos vocês. Estou sentado na maior cadeira". Esses jogos são os mesmos! Da sua infância até a sua velhice, você continua jogando os mesmos jogos. Você pode jogar o jogo do Monopólio, ou pode ir e jogar o jogo real do monopólio na bolsa de valores – dá no mesmo, é o mesmo jogo jogado apenas em escala maior.

Uma vez que você entende isso, essa é a raiz de sua infantilidade, a mente que vai além. As criancinhas começam a querer alcançar a Lua, e até mesmo os maiores cientistas estão tentando alcançá-la – eles conseguiram. Não há muita diferença.

Alcançando o mundo exterior, você pode alcançar outros astros mas continuará infantil. Mesmo que alcance a Lua, o que vai fazer lá? Você será o mesmo! Com o mesmo lixo na sua cabeça, com todo o esterco de vaca sagrada que você continuará levando no coração, você estará de pé na Lua. Não haverá nenhuma diferença! Você pode ser um homem pobre, pode ser muito rico; você pode ser absolutamente anônimo, pode ser mundialmente famoso – dá no mesmo. A menos que a mente dê uma volta e comece a se mover para dentro, a menos que a mente assuma uma dimensão totalmente nova e se torne meditação...

A meditação é a mente se voltando para a sua própria fonte.

A meditação o faz amadurecer; a meditação realmente o torna

adulto. Crescer em idade realmente não é se tornar adulto, porque vejo pessoas de oitenta anos que ainda jogam jogos, jogos feios de poder político – até com 82, 83, 84! O sono parece ser tão profundo. Quando é que eles vão despertar? Quando pensarão no mundo interior?

E a morte levará tudo aquilo que você acumulou – seu poder, seu dinheiro, seu prestígio. Nada restará, nem mesmo um traço. Toda a sua vida será anulada. A morte virá e destruirá tudo aquilo que você fez; a morte virá e provará que todos os seus palácios não eram nada senão castelos de cartas.

A maturidade é saber algo em você que é imortal, saber algo em você que transcenderá a morte – isso é meditação. A mente conhece o mundo; a meditação conhece Deus. A mente é um modo de entender o objeto; a meditação é um modo de entender o sujeito. A mente é uma preocupação com os conteúdos, e a meditação é uma preocupação com o recipiente, a consciência. A mente se torna obcecada com as nuvens, e a meditação procura o céu. As nuvens vêm e vão; o céu permanece, perdura.

Procure o céu interior. E se você o achar, então nunca morrerá. O corpo morrerá, a mente morrerá, mas você nunca morrerá. E conhecer isso é saber viver. O que você chama vida não é a vida real, pois irá morrer. Só alguém que medita sabe o que é a vida porque ele alcançou a própria fonte da eternidade.

> A mente é um modo de entender o objeto; a meditação é um modo de entender o sujeito. A mente é uma preocupação com os conteúdos, e a meditação é uma preocupação com o recipiente, a consciência.
>
> A mente se torna obcecada com as nuvens, e a meditação procura o céu.
>
> As nuvens vêm e vão; o céu permanece, perdura.

QUEBRA-CABEÇAS

HOMICÍDIO JUSTIFICÁVEL

Tenho cinqüenta anos, mas ainda não me sinto realmente maduro. O que se passa comigo?

Talvez você ainda não tenha matado ninguém. Isso é um imperativo – se você quiser tornar-se maduro, terá de se tornar um assassino exímio. A menos que você mate algumas pessoas, nunca se tornará maduro. Você tem de matar seus pais, tem de matar seus mestres, tem de matar seus líderes. Eles estão todos clamando dentro de você, e não lhe permitem se tornar uma pessoa adulta – eles continuam a mantê-lo como criança. Fazem de você alguém dependente, não lhe permitem a independência.

Isso aconteceu: um monge estava se despedindo de Buda – ele ia difundir a mensagem de Buda. Quando lhe tocou os pés, Buda o abençoou e disse aos seus outros discípulos, "Vocês vêem esse monge abençoado? Ele matou a própria mãe, matou o pai, matou os parentes, matou seu rei". As pessoas estavam muito surpresas, não podiam acreditar no que ouviam: "O que Buda está dizendo?"

Um discípulo tomou coragem e perguntou, "Senhor, o que quer dizer? Quer dizer que um assassino tem virtudes? Chama-o de abençoado?"; Buda riu e disse, "Não só isso, ele assassinou a si próprio – cometeu suicídio". Então, Buda canta uma canção, diz um *gatha* no qual explica o que entende por isso.

Todo mundo é educado quando criança. Esse é o seu primeiro acesso ao mundo; é como você foi treinado durante anos, para permanecer uma criança. Tudo foi ordenado e se esperava que você obedecesse. Você se tornou muito dependente – sempre continuará procurando figuras paternas, sempre continuará procurando autoridades que lhe digam o que deveria ser feito, o que não deveria ser feito.

A maturidade significa compreensão para se decidir por si mesmo, compreensão para ser decisivo por conta própria. Caminhar com os próprios pés – eis o que é a maturidade; mas ela raramente acontece, porque os pais estragam quase todas as crianças, mais ou menos. E tem a escola e a faculdade e a universidade – todas prontas para estragar você. É muito raro que alguém amadureça.

A sociedade não está feliz com as pessoas maduras. Estas são perigosas porque uma pessoa madura vive de acordo com o seu próprio ser. Ela continua a agir por ela mesma – não se aborrece com o que os outros dizem, com a opinião deles. Não quer respeitabilidade, prestígio; não liga para honras. Vive sua própria vida – vive-a a qualquer preço. Está pronta a sacrificar tudo, mas nunca está pronta a sacrificar sua liberdade. A sociedade tem medo dessas pessoas; a sociedade quer que todos continuem infantis. Todo mundo deveria ser mantido numa idade entre sete e catorze anos – que é a idade em que as pessoas estão.

Pela primeira vez na Primeira Guerra Mundial, os psicólogos se deram conta desse fenômeno estranho. Pela primeira vez numa larga escala, no exército, a idade mental das pessoas foi estudada. E deu-se uma estranha descoberta: as pessoas no exército tinham a idade mental média de doze anos. Seu corpo pode ter cinquenta anos, sua mente permanece um pouco abaixo dos catorze.

Antes dos catorze você é reprimido – porque, depois dos catorze, a repressão se torna difícil. Quando uma criança tem catorze anos, se ela não foi reprimida, então não há mais nenhuma possibilidade de reprimi-la – porque, uma vez que ela se torna um ser sexual, ela se torna poderosa. Antes dos catorze anos, ela é fraca, terna, feminina. Antes dos catorze, você pode colocar qualquer coisa na cabeça dela – ela é sugestionável, você pode hipnotizá-la. Pode dizer-lhe tudo o que quiser que ela dará ouvidos, acreditará.

Depois dos catorze, a lógica surge, a dúvida aparece. Depois dos catorze, a sexualidade vem à luz; com a sexualidade, ela se torna independente. Agora o menino é capaz de se tornar um pai, a menina, uma mãe. Assim, a natureza, a biologia, torna uma pessoa independente dos pais aos catorze anos. Isso foi conhecido muito antes de os psicólogos virem ao mundo. Os padres já haviam descoberto isso há muito – por milhares de anos, eles observaram e vieram a saber: se você quer reprimir uma criança, se você quer torná-la dependente, faça isso o mais rápido possível – quanto mais cedo, melhor. Se isso pode ser feito antes dos sete anos, o sucesso é garantido. Se não pode ser feito antes dos catorze, então não há nenhuma possibilidade de fazê-lo.

Eis por que todos os tipos de pessoas estão interessados nas crianças e na educação delas. Todas as religiões estão interessadas, elas dizem que as crianças devem receber educação religiosa. Por quê? Antes de se tornarem independentes, a mente delas deve ser condicionada.

Assim, a maior tarefa para um homem que realmente quer se tornar livre, que realmente quer se tornar consciente, que realmente quer sair de seu estado hipnótico – que não quer limitações de qualquer tipo, que quer fluir numa existência total – essa tarefa é o ter de deixar muitas coisas a partir de dentro. E quando eu digo, ou quando Buda diz, que você tem de matar sua mãe e seu pai, isso não significa que você tem de ir em frente e matar de fato seu pai e sua mãe – mas o pai e mãe que você está levando em você, a idéia.

Observe, e você descobrirá isso. Você vai fazer algo e de repente ouve a voz de sua mãe: "Não faça isso!" Você pode observar e ouvir a voz, a voz real – ela é uma fita tocando dentro de você. Você vai tomar muito sorvete – repare. De repente, chega um momento em que a mãe fala de dentro: "Não tome muito sorvete – já chega. Pare!" E nesse momento você começa a se sentir culpado.

Se você vai fazer amor com uma mulher ou com um homem, de repente todos os mestres lá se encontram de pé numa fila, dizendo, "Você vai cometer um crime, vai cometer um pecado. Cuidado! Essa é a armadilha. Escape antes que seja tarde demais". Mesmo enquanto você está fazendo amor com a sua mulher, a sua mãe, o seu pai e seus mestres estão presentes, destruindo a relação.

É muito raro achar um homem ou uma mulher que realmente mergulhe de todo no amor – você não mergulha, porque por muitos anos ensinaram-lhe que o amor é algo errado. Como você pode deixar isso de lado de repente? A menos que você seja capaz de assassinar todas essas vozes... é preciso grande coragem. Você tem de estar pronto para deixar de lado a voz dos pais, das autoridades, pronto para penetrar o desconhecido sem nenhum mapa, por conta própria. Pronto para o risco.

Aconteceu que um homem, Alexander Eliot, estava estudando sob a orientação de um mestre zen. Por meses, ele praticou a meditação, o zazen, e mergulhou nas águas mais fundas do seu próprio ser. Uma noite, teve um sonho, um sonho muito estranho. As pessoas adeptas do Zen conhecem esse sonho – mas, para Eliot, ele foi estranho; ele era um ocidental, ficou chocado. Ele relata o seu sonho...

"Eu tive um sonho recentemente no qual Bodhidharma apareceu. Ele era um amálgama flutuante de atributos humanos – redondo, fantasmagórico, com olhos inchados e testa bulbosa."

Assim como eu, Bodhidharma é um homem perigoso. E os adeptos do Zen têm pintado sua face, muito amorosamente, de um modo bem perigoso. Ele não era assim – não verdadeiramente, não fisicamente. Fisicamente, ele era um dos homens mais belos – mas se você deparar com uma representação de um Bodhidharma, ficará assustado! Se você olha nos olhos do Bodhidharma, ele parece um assassino, ele vai matar você; mas isso é tudo o que um Mestre faz. Até mesmo no sonho, Alexander Eliot ficou muito assustado e começou a tremer.

"Ele estava sorrindo ou fazendo careta? Seus bigodes hirsutos e eriçados tornavam a resposta impossível. 'Você parece ser um homem adulto', ele sussurrou através da barba, 'contudo, você nunca matou ninguém. Por que não?'"

Eliot ficou tão chocado, que despertou, suando e tremendo. "O que esse homem estranho quer dizer: Por que você ainda não matou ninguém?"

Isso é o que quero dizer quando afirmo que se você está sentindo, ainda não é um homem adulto, isso simplesmente mostra que você ainda não matou ninguém. Cinqüenta anos já é bem tarde – agora, não perca mais tempo. Mate todas as impressões dentro de você imediatamente. Purifique-se por dentro de todas as velhas fitas, desembarece sua mente.

Comece a viver sua vida, a partir deste momento, como se você não soubesse, como se ninguém lhe tivesse ensinado nada – novo, puro, começando do ABC – e você verá a maturidade chegando em pouco. E sem maturidade a vida não vale nada, porque tudo o que é belo só acontece numa mente madura, tudo o que é grande só acontece numa mente madura. Ser adulto é uma bênção; mas as pessoas simplesmente envelhecem, elas nunca se tornam adultas. Em idade elas continuam crescendo, mas na consciência elas continuam diminuindo. Sua consciência permanece em estado fetal; ela não saiu do útero, ainda não nasceu. Só seu corpo nasceu – você ainda está por nascer.

Conduza sua vida com suas próprias mãos – ela é *sua*. Você não está aqui para satisfazer as expectativas de ninguém mais. Não viva a vida de sua mãe nem a de seu pai, viva a sua vida.

VIDA SEM ATITUDE

Um dia você dá ênfase a ser maduro, outro dia diz "Seja como uma criança". Se adoto uma atitude madura, sinto que minha criança é reprimida e anseia pela expressão... Se a deixo dançar, cantar, então as atitudes infantis surgem. O que fazer?

> Comece a viver sua vida, a partir deste momento, como se você não soubesse, como se ninguém lhe tivesse ensinado nada – novo, puro, começando do ABC – e você verá a maturidade chegando em pouco.

Ser maduro não significa adotar uma atitude madura. Na realidade, adotar uma atitude madura será uma das maiores barreiras para se tornar maduro. A adoção significa algo imposto, significa algo cultivado, praticado. Não está nascendo de você. Trata-se de uma máscara, de um rosto pintado; não é o seu ser real. Eis o que todo mundo tem feito. Eis por que na Terra as pessoas só parecem maduras – elas não são, são totalmente imaturas – no fundo, adotaram atitudes e continuam infantis. Sua maturidade é apenas superficial, ou nem mesmo isso.

Cutuque com o dedo um homem e você verá a infantilidade vazando dele. E não só as assim chamadas pessoas comuns – faça isso com os seus santos e você descobrirá a imaturidade aflorando, ou mesmo com os seus políticos e líderes. Vá em frente e apenas observe qualquer parlamento no mundo e você não verá nunca mais um conglomerado de tantas pessoas imaturas e infantis como essas.

O homem tem estado se enganando a si próprio e aos outros. Se você adotar algo, será falso, pseudo. Eu não lhe disse para adotar nada. Seja! A adoção é uma barreira ao ser. E o único modo de ser é começar do começo. Pelo fato de seus pais não o terem aceitado na sua infância, você está preso em algum lugar. A idade mental das assim chamadas pessoas normais não é superior a dez e treze anos, nem mesmo catorze! E você pode ter setenta ou oitenta anos, mas sua idade mental continua presa em algum lugar antes de você ter se tornado sexualmente maduro. No momento em que uma pessoa se torna sexualmente madura, aos treze ou catorze anos, ela está "condenada". Então, ela continua se tornando cada vez mais falsa. Uma falsidade tem de ser secundada por outras falsidades, uma mentira tem de ser apoiada por outras mentiras, e então isso não tem fim. Você se torna apenas um monte de lixo – eis o que é a personalidade. Ela tem de ser posta de lado, só então a individualidade vem à luz. Ambas não são a mesma coisa. A personalidade é apenas um artigo de vitrine; uma exibição, não uma realidade.

> A individualidade é um todo, é orgânica. A personalidade é esquizofrênica: o centro é uma coisa e a circunferência é algo mais, e elas nunca se encontram. Não só elas nunca se encontram, não só são diferentes, como também são diametralmente opostas uma à outra, estão numa luta constante.

A individualidade é a sua realidade, não é um artigo de vitrine. A pessoa pode escavar tão fundo quanto quiser em você e ela sentirá o mesmo sabor. Há registros de que Buda disse, "Você pode provar de mim em todos os aspectos – sentirá sempre o mesmo gosto, assim como você prova a água do mar em qualquer lugar e a acha salgada". A individualidade é um todo, é orgânica. A personalidade é esquizofrênica: o centro é uma coisa e a circunferência é algo mais, e elas nunca se encontram. Não só elas nunca se encontram, não só são diferentes, como também são diametralmente opostas uma à outra, estão numa luta constante.

Assim, a primeira coisa a entender é: nunca adote uma atitude madura. Ou seja maduro ou imaturo. Se você é imaturo, então seja imaturo – sendo imaturo, você estará dando ocasião para o crescimento. Então, deixe que a imaturidade fique ali; não seja falso, não seja insincero sobre ela. Se você é infantil, seja infantil – e daí? Seja infantil. Aceite isso, conviva com isso. Não crie uma cisão em seu ser, caso contrário, você está criando uma loucura fundamental. Seja você mesmo, apenas.

Não há nada errado com ser infantil. Pelo fato de você ter achado que algo está errado em ser infantil, você começou a adotar atitudes. Desde a sua infância, você tem tentado ser maduro, e como uma criança pode ser madura? Uma criança é uma criança; ela tem de ser infantil.

Deixe que a imaturidade fique ali; não seja falso, não seja insincero sobre ela. Se você é infantil, seja infantil – e daí? Seja infantil. Aceite isso, conviva com isso. Não crie uma cisão em seu ser, caso contrário, você está criando uma loucura fundamental. Seja você mesmo, apenas.

Mas isso não é permitido, assim, as criancinhas se tornam diplomatas – elas começam a fingir, começam a se comportar de maneira falsa, elas se tornam mentiras desde sua origem, e a mentira continua crescendo. E então um dia você começa a procurar a verdade; você tem de mergulhar nas escrituras, e as escrituras não contêm nenhuma verdade. A verdade está contida em seu ser, que é a verdadeira escritura. Os Vedas, o Alcorão, a Bíblia – eles estão na sua consciência! Você carrega tudo o que lhe é necessário, é uma dádiva de Deus. Todo mundo nasce com a verdade em seu ser – a vida é a verdade; mas você começou a aprender mentiras.

Deixe de lado todas as mentiras. Seja corajoso – e, é claro, você sentirá um grande medo se agitando em você, porque, sempre que você deixa de lado a personalidade, sua infantilidade, que nunca foi permitida, vem à superfície. E você sente medo: "O quê? Vou ser infantil a esta altura? Quando todo mundo sabe que eu sou um grande professor, ou um médico, um engenheiro? Eu, que tenho Ph.D., vou ser infantil?" O medo surge – o medo da opinião pública, do que as pessoas pensarão.

Esse mesmo medo o tem destruído desde o começo. O mesmo medo foi o veneno: "O que minha mãe vai pensar? O que o meu pai vai pensar? O que as pessoas, os mestres e a sociedade vão pensar?"; e a criancinha começa a se tornar esperta – ela não vai abrir seu coração. Sabe que não será aceita pelos outros, assim, cria um disfarce, uma camuflagem. Ela mostrará aquilo que as pessoas querem ver. Isso é diplomacia, isso é ser político – isso é um veneno!

Todo mundo é político. Você sorri porque pagam para você sorrir, você chora porque espera-se que você chore. Você diz algo porque isso torna as coisas mais fáceis. Você diz à sua esposa, "Eu te amo", porque isso a mantém tranqüila. Você diz a seu marido, "Eu morreria sem você, você é a única pessoa no meu mundo, você é a minha vida", porque ele espera que você diga isso, não porque você está sentindo isso. Se você sente, então isso tem beleza, é uma rosa de verdade. Se está simplesmente fingindo, massageando seu ego masculino, apoiando-o porque você tem alguns objetivos a alcançar por meio dele, então é uma flor artificial, uma flor de plástico.

Quebra-cabeças

E você está sobrecarregado de tanto plástico – esse é o problema. O mundo não é o problema. As pessoas assim chamadas religiosas continuam dizendo, "Renuncie ao mundo". Eu digo a você que o mundo não é o problema. Renuncie à falsidade – *esse* é o problema. Renuncie ao artificial – *esse* é o problema. Não há necessidade de renunciar à sua família, exceto a de renunciar a toda aquela pseudofamília que você criou. Seja verdadeiro, autêntico. Às vezes, será muito doloroso ser verdadeiro e autêntico – isso custa caro. Ser falso e insincero é coisa barata, conveniente, cômoda. É um embuste, uma estratégia para se proteger; é uma armadura. Entretanto, você deixará escapar a verdade que vinha trazendo em sua alma. Então você nunca saberá o que é Deus, porque Deus só pode ser conhecido dentro de você. Primeiro dentro, depois fora; primeiro dentro, depois fora – porque isso é o que há de mais próximo de você, seu próprio ser. Se você sente a falta de Deus no que lhe está mais próximo, como pode ver Deus em Krishna, Cristo, Buda? Tudo besteira. Você não pode ver Deus em Cristo se não puder vê-lo em você mesmo. E como você pode ver um Deus em si mesmo se está continuamente inventando mentiras em torno de si mesmo? As mentiras são tantas, que você quase já esqueceu do caminho para o seu ser. Você está perdido na selva das mentiras.

Ser falso e insincero é coisa barata, conveniente, cômoda. É um embuste, uma estratégia para se proteger; é uma armadura. Entretanto, você deixará escapar a verdade que vinha trazendo em sua alma.

Friedrich Nietzsche disse que o homem não pode viver sem mentiras; e para quase 99% das pessoas ele tem razão. Por que não pode o homem viver sem mentiras? Porque as mentiras funcionam como pára-choques. Elas funcionam como uma lubrificação; você não vai para a frente se entrar em conflito com as pessoas. Você sorri e o outro sorri – essa é a lubrificação. Você pode estar se sentindo nervoso, pode estar cheio de raiva, mas prossegue dizendo à sua mulher, "Eu te amo". Expressar a raiva é entrar em dificuldade.

Mas lembre-se, se não puder expressar sua raiva, você nunca saberá expressar seu amor. Um homem que não pode ficar com raiva tampouco pode ser amável, porque tem de reprimir sua raiva a tal ponto, que se torna incapaz de exprimir algo mais – porque todas as coisas estão unidas dentro do seu ser, não estão separadas. Não há nenhum compartimento impermeável guardando o ódio e o amor; eles estão juntos, misturados. São a mesma energia. Se você reprimir a raiva, também terá de reprimir o amor. Se você expressar o amor, você se surpreenderá – a raiva está aflorando com ele. Ou reprima tudo, ou tudo deverá ser expresso. Você tem de entender essa aritmética da sua unidade orgânica interior. Seja expressivo ou repressivo. A escolha não é você poder reprimir a raiva e expressar o amor – nesse caso, seu amor será falso porque não terá calor, não terá a qualidade da calidez. Será apenas um maneirismo, um fenômeno sem importância, e você sempre terá medo de se aprofundar mais.

As pessoas só fingem que amam porque espera-se que amem. Amem seus filhos, sua mulher ou marido, seus amigos, porque espera-se que façam certas coisas. Elas fazem essas coisas como se fossem deveres. Não há nenhuma celebração nelas. Você volta para casa e dá um tapinha na cabeça do seu filho só porque isso é esperado, só porque isso é a coisa a fazer, mas não há nenhuma alegria nisso – é frio, é morto. E a criança nunca será capaz de perdoar você, porque um tapinha frio na cabeça é feio. E a criança se sente envergonhada, você se sente envergonhado.

Você faz amor com a sua mulher mas nunca vai longe nele. Isso pode realmente levá-lo longe, pode levá-lo à bênção máxima, você pode se dissolver nisso; mas se você nunca aceitou sua raiva e nunca se dissolveu nela, como pode deixar que o amor o dissolva? E aconteceu muitas vezes – você vai ficar surpreso – de um apaixonado matar a mulher porque ele aceitou seu amor e então de repente a raiva aflorou. É fato conhecido que muitas vezes um apaixonado simplesmente mata a mulher, sufoca-a – e ele não era um assassino; a sociedade é responsável. Ele simplesmente ousou demais e foi muito longe no amor. Quando você se aprofunda muito, você se torna selvagem, porque sua civilidade é só um verniz. Então, a raiva aflora, tudo aquilo que está oculto em você surge e você quase fica louco.

Para evitar essa loucura, você faz amor de um modo muito superficial. Isso nunca é um grande fenômeno. Sim, as pessoas estão certas quando dizem que isso é apenas como um espirro: relaxa as tensões, alivia certa energia que estava pesando em você; mas esse não é o verdadeiro quadro do amor. Este tem de ser êxtase – não como um espirro, não só uma liberação, mas uma realização, uma libertação. A menos que você conheça o amor como uma libertação, como êxtase, como *samadhi*, você não conheceu o amor; mas isso só é possível se você não é falso, se você foi autêntico em tudo – se você aceitou a raiva, se aceitou a risada, as lágrimas, tudo. Se você nunca foi uma força preventiva, nunca deteve nada, nunca esteve controlando nada – se viveu uma vida de não-controle. E lembre-se, por não-controle não entendo uma vida de licenciosidade. A vida de não-controle pode ser de grande disciplina, mas ela não é imposta a partir do exterior. Não é uma atitude adotada. A disciplina vem de suas próprias experiências interiores. A disciplina vem do encontro com todas as possibilidades do seu ser. Vem da experiência de todos os aspectos, da exploração de todas as dimensões. Vem da compreensão. Você esteve com raiva e entendeu algo nela – essa compreensão traz disciplina. Não se trata de controle. O controle é feio, a disciplina é bela.

A palavra disciplina basicamente significa capacidade de aprender – daí a palavra *discípulo*. Não significa controle, significa ser capaz de aprender. Um homem disciplinado é aquele que continua aprendendo com as experiências da vida, que toma parte de tudo sem medo – que arrisca, explora e se aventura, que está sempre pronto para penetrar na noite escura do desconhecido; que não se apega ao conhecido e que está sempre pronto a cometer enganos, que está sempre pronto a cair num fosso e que está sempre pronto a ser alvo do riso dos outros. Só as pessoas corajosas o bastante para ser chamadas de loucas são capazes de viver, amar, conhecer e ser.

A maturidade vem através das experiências da vida cada vez mais numerosas e profundas, e não de se evitar a vida. Ao evitar a vida, você permanece infantil.

Uma coisa mais: quando digo para ser como uma criança, não quero dizer que você deve ser infantil. Uma criança tem de ser infantil; caso contrário, ela perderá essa grande experiência da infância; mas, quer você seja jovem ou velho, a infantilidade simplesmente mostra que você não tem crescido. Ser como uma criança é um fenômeno totalmente diferente. O que isso significa? A criança sempre se entrega por inteiro a tudo o que faz, ela nunca é parcial. Se está catando conchas do mar na praia, então tudo o mais simplesmente desaparece da sua consciência, tudo o que lhe interessa são as conchas e a praia. Ela está absorvida nisso, está totalmente perdida nisso. Essa qua-

>
> Um homem disciplinado é aquele que continua aprendendo com as experiências da vida, que toma parte de tudo sem medo – que arrisca, explora e se aventura, que está sempre pronto para penetrar na noite escura do desconhecido.

lidade de ser inteira é um dos fundamentos que envolvem ser como uma criança. Isso é concentração, intensidade, inteireza.

Em segundo lugar, uma criança é inocente. Ela age a partir de um estado de não-conhecimento. Ela nunca age a partir do conhecimento porque ela não tem nenhum. Você sempre age a partir do conhecimento. O conhecimento significa o passado, o conhecimento significa o velho e o que é sabido, significa aquilo que você amealhou. E toda situação nova é nova, nenhum conhecimento é aplicável a ela. Não estou falando sobre engenharia nem tecnologia – nisso, o passado é aplicável porque uma máquina é uma máquina; mas quando você está se comportando numa atmosfera humana, quando você está se comunicando com seres vivos, uma situação não é uma repetição de nenhuma outra. Cada situação é única. Se você quer agir corretamente, terá de agir num estado de ignorância, como uma criança. Não traga seu conhecimento para a situação, esqueça todo o conhecimento. Responda ao novo como novo, não responda ao novo a partir do velho. Se você responde a partir do velho, errará o alvo: não haverá nenhuma ponte entre você e o que está acontecendo ao seu redor. Você sempre estará atrasado, você sempre irá perder o trem.

As pessoas continuam a sonhar repetidas vezes com um trem, e elas sempre o perdem. No sonho, a pessoa está correndo e chegando à estação, e, quando ela chega, o trem partiu. Esse sonho ocorre muitas vezes a milhões de pessoas, esse é um dos sonhos mais comuns. Por que ele ocorre tanto a milhões de pessoas na Terra? Elas estão perdendo a vida. Elas sempre estão atrasadas. Sempre há uma abertura. Elas tentam, mas a ponte nunca é construída. Não podem comungar, não podem participar de nada, algo atrapalha. O que é? É o conhecimento que atrapalha.

Eu lhe ensino a ignorância. E quando digo seja como uma criança, quero dizer continue aprendendo sempre, nunca se torne um erudito. A erudição é um fenômeno morto, o aprendizado é um processo vivo. E a pessoa que aprende tem de se lembrar disso – ela não pode agir do ponto de vista do conhecimento.

Já percebeu? As criancinhas aprendem rápido. Se uma criança vive numa atmosfera em que se falam muitas línguas, ela aprende todas as línguas. Aprende a língua que a mãe fala, a que o pai fala, a que os vizinhos falam – ela pode aprender três, quatro, cinco línguas muito facilmente, sem problema. Uma vez que você aprendeu um idioma, então torna-se muito difícil aprender outro, porque agora você começa a agir do ponto de vista do conhecimento. Diz-se que você não pode ensinar a um cachorro velho novos truques. É verdade; mas, o que torna um cachorro velho? Não a idade física, porque um Sócrates continua a aprender até o fim, mesmo enquanto está morrendo. Um Buda continua a aprender até o fim. O que torna um cachorro velho? O conhecimento torna um cachorro velho.

Buda permanece jovem, Krishna permanece jovem. Não temos uma única estátua de Buda ou de Krishna que os retrate como velhos. Não que eles nunca tenham ficado velhos! Krishna viveu até oitenta anos, ficou muito velho, mas algo nele sempre permaneceu jovem, como criança. Ele continuou a agir a partir do estado do não-conhecimento.

A primeira coisa é: quando digo seja como uma criança, quero dizer seja inteiro. E a segunda coisa é: continue sendo um estudante, pro-

> Responda ao novo como novo, não responda ao novo a partir do velho.
> Se você responde a partir do velho, errará o alvo: não haverá nenhuma ponte entre você e o que está acontecendo ao seu redor. Você sempre estará atrasado, você sempre irá perder o trem.

cure agir a partir do estado do não-conhecimento. Isto é inocência: agir a partir do não-conhecimento.

E a terceira e última coisa é: a criança tem uma qualidade natural de confiança; caso contrário, ela não pode sobreviver. Quando a criança nasce, ela confia na mãe, confia no leite, confia em que o leite a nutrirá, confia em que tudo está certo. A confiança dela é absoluta, não há nenhuma dúvida quanto a coisa alguma. Ela não tem medo de nada. A sua confiança é tanta, que a mãe fica com medo – porque a criança pode ir e começar a brincar com uma cobra. A sua confiança é tanta, que uma criança pode ir e pôr a mão no fogo. A sua confiança é muita – ela não conhece o medo, não conhece a dúvida. Essa é a terceira qualidade.

Se você sabe o que é a confiança, se você é capaz de aprender novamente os tipos de confiança, então você só saberá o que é a divindade, só virá a entender o que é a verdade. Isso tem de ser entendido.

A ciência depende da dúvida – eis por que toda a educação se tornou a educação da dúvida. A ciência depende da dúvida, ela não pode crescer sem a dúvida. A religiosidade depende da confiança, ela não pode existir sem a confiança. Essas são direções diametralmente opostas.

Lembre-se, se você depositar confiança num trabalho científico, você deixará escapar o ponto central. Você não será capaz de conseguir nada, não será capaz de descobrir nada. A dúvida é a metodologia. Você tem de duvidar e duvidar e duvidar; você tem de continuar duvidando até que tope com algo que não pode ser posto em dúvida, que é indubitável. Então você, simplesmente sem amparo, tem de aceitar isso – mas ainda com um pouco de dúvida de que amanhã novos fatos possam ocorrer e tudo deva ser deixado de lado. Continue a pensar assim por ora... A ciência nunca chega a uma verdade absoluta, mas apenas a uma verdade experimental, aproximada. Por ora ela é aceita como verdade porque – quem sabe? – amanhã os pesquisadores descobrirão novos fatos, novos dados. Assim, a ciência só chega a hipóteses, experimentais, arbitrárias. O que Newton descobriu foi demolido por Albert Einstein, e o que ele descobriu será invalidado por alguém mais. Na ciência, a dúvida é a metodologia. A confiança não é necessária. Você só tem de confiar quando não há nenhuma possibilidade para a dúvida – e isso também de maneira apenas experimental, por ora, num tipo de desamparo. O que você pode fazer?, porque nenhuma outra dúvida é possível. Você olhou de todos os ângulos e todas as dúvidas se dissolveram e um tipo de certeza veio à luz.

> Da mesma maneira que na ciência a dúvida é o método, na religião a fé é o método. O que significa fé? Significa que não estamos separados da existência, que somos parte dela, que ela é nosso lar.

A religião é uma dimensão diametralmente oposta. Da mesma maneira que na ciência a dúvida é o método, na religião a fé é o método. O que significa fé? Significa que não estamos separados da existência, que somos parte dela, que ela é nosso lar. Que pertencemos a ela, que ela pertence a nós, que não somos desprovidos de um lar, que o universo é maternal. Podemos ser crianças com o universo assim como a criança confia em que, sempre que necessário, a mãe virá e tomará conta dela – quando ela tiver fome, ela virá e a alimentará, quando ela sentir frio, a mãe virá e a abraçará e dará calor, amor, carinho. A criança confia. Tudo o que ela precisa fazer sempre que está em dificuldade é gritar e chorar para que a atenção da mãe se volte para ela, apenas isso. A religião diz que este universo é nossa mãe ou nosso pai, daí essas expressões. Jesus chamou Deus de "*Abba*", que é muito melhor do que pai. *Pai* é uma palavra formal, *abba* é informal. Se você tiver de traduzir *abba* corretamente, a palavra estará mais próxima de papai do que de pai; mas chamar Deus de Papai parece um pouco absurdo; a Igreja não permitirá isso. A Igreja dirá que isso não é certo; mas Jesus costumava chamá-lo de *Abba*, papai.

Na realidade, uma oração tem de ser informal. "Pai" parece muito distante. Não admira que chamando Deus de Pai o tenhamos posto muito longe, em algum lugar no céu. Papai parece mais próximo – você pode tocá-lo, ele é quase tangível, você pode falar com ele. Com um Deus-Pai sentado em algum lugar nas alturas, você pode continuar gritando e ainda assim não consegue acreditar que será capaz de chegar a ele.

A religião é uma abordagem infantil da existência: o mundo se torna uma mãe ou um pai. Você não está contra a natureza, você não está lutando com a natureza. Não há luta, há uma grande cooperação. A luta parece estúpida e absurda.

A dúvida não funciona na experiência religiosa, da mesma maneira que a fé não funciona na exploração científica. A ciência significa explorar o exterior e a religião significa explorar o interior. A ciência é a religião das coisas, a religião é a ciência do ser. Assim como você não pode ver uma flor com o ouvido – por mais sensível que seja seu ouvido, por mais musical que ele seja, você não pode ver uma flor por meio dele. O ouvido só pode captar sons, tem suas limitações. Se você quer ver a cor, a luz, a forma, você terá de usar a visão. Os olhos são belos mas têm suas limitações – você não pode ouvir música com eles. Até mesmo a música mais refinada não será capaz de penetrar os olhos. Eles são surdos, você terá de ouvir por meio dos ouvidos.

A dúvida é a porta para as coisas. A fé é a porta para o ser. Só através da fé a divindade é conhecida.

E lembre-se, você pode cometer um erro de dois modos. As assim chamadas pessoas religiosas têm estado lutando com a ciência, a Igreja tem estado lutando com a ciência. Essa foi uma batalha tola porque a Igreja queria que a ciência dependesse da fé. E agora a ciência está se vingando – agora a ciência quer que a religião também dependa da dúvida, do ceticismo, da lógica. O homem é tão tolo, que segue repetindo os mesmos erros. A Igreja na Idade Média era estúpida; agora as pessoas que pensam que são cientistas estão cometendo a mesma estupidez novamente.

O homem de entendimento dirá que a dúvida tem seu próprio mundo. Você pode usar a dúvida como um método, mas ela tem suas limitações. E assim também a fé tem seu próprio mundo, mas também tem suas limitações. Não há nenhuma necessidade de usar a fé para saber acerca das coisas e não há necessidade de duvidar sobre o interior; assim, você está criando um caos. Se a fé fosse usada para a exploração científica, a ciência não teria nascido. Eis por que a ciência do Oriente permaneceu muito primitiva.

Conheci cientistas indianos – mesmo um cientista na Índia que pode ter toda a educação possível no Ocidente, que pode ter ganhado prêmios, ou talvez até mesmo ter sido laureado com um Nobel, continua a ser em alguma parte, no fundo, não-científico, supersticioso. Ele continua tentando de alguns modos – conhecidos ou desconhecidos para ele, conscientes ou inconscientes – impor a fé ao mundo exterior. E a pessoa muito religiosa do Ocidente permanece em algum aspecto, no fundo, cética. O Ocidente explorou as possibilidades da dúvida e o Oriente explorou as possibilidades da fé.

Você tem de usar ambas as coisas. E chamo o homem capaz de usar ambas as coisas de homem de entendimento. Ao trabalhar num laboratório científico, ele usa a dúvida, o ceticismo, a lógica; ao rezar em seu templo, meditando, ele usa a fé. E ele é livre – não é limitado pela fé nem pela dúvida.

Não se deixe limitar pelos ouvidos nem pelos olhos, caso contrário você permanecerá pobre. Você tem as duas coisas! Assim, quando quiser ver, use os olhos, e quando quiser ouvir, feche-os. Não é por acaso que, ouvindo música, as pessoas fecham os olhos. Se você sabe ouvir música, você fecha os olhos, porque eles não são mais necessários.

Assim é com a dúvida e a fé. A fé é a qualidade da criança. Essas três qualidades – a qualidade de ser íntegro, a qualidade de permanecer ignorante apesar do conhecimento e também a qualidade da fé – esse é o sentido.

A infantilidade é um tipo de estado emocional sentimental. Ele não é necessário para você. A toda criança deve-se permitir que seja infantil, como a todo adulto deve-se permitir que seja adulto, mas um adulto também pode ter as qualidades que envolvem ser uma criança. A infantilidade não é necessária, a qualidade da raiva não é necessária, esse sentimentalismo não é necessário – mas a maturidade pode competir perfeitamente com as qualidades de uma criança. Não há nenhuma contradição entre essas coisas. Na realidade, você só pode tornar-se maduro se for como uma criança.

Mas, se a sua infantilidade permaneceu não-resolvida, você tem de aceitá-la. Deixe que venha, e que se realize – quanto mais cedo, melhor, caso contrário, ela vai se apegar a você até o fim. Dê-lhe uma expressão e ela irá embora. Uma vez aceita, ela terá seu tempo e passará, deixando-o realizado. É melhor envolver-se com ela agora mesmo do que preteri-la – porque

A toda criança deve-se permitir que seja infantil, como a todo adulto deve-se permitir que seja adulto, mas um adulto também pode ter as qualidades que envolvem ser uma criança. A infantilidade não é necessária, a qualidade da raiva não é necessária, esse sentimentalismo não é necessário – mas a maturidade pode competir perfeitamente com as qualidades de uma criança. Não há nenhuma contradição entre essas coisas. Na realidade, você só pode tornar-se maduro se for como uma criança.

quanto mais você adia, mais difícil se torna – e então você descobrirá uma qualidade de criança vindo à luz. A infantilidade desaparecerá. Ela estará temporariamente ali, então, passará e sua criança será nova e jovem. E depois que essa criança for alcançada, você começará a crescer. Então, você pode se tornar maduro. Você não pode amadurecer com todas as mentiras que esteve carregando em si mesmo. Você só pode amadurecer quando se torna sincero, quando se torna verdadeiro.

DO SEXO À SENSUALIDADE

É realmente possível deixar de lado o sexo passando por ele? Parece que minha mente e meu corpo nunca deixarão de solicitá-lo.

Mas por que você está com tanta pressa de deixá-lo de lado? Se você estiver com pressa, nunca poderá deixá-lo de lado. A própria pressa, o próprio desejo de deixá-lo de lado não lhe permitirá entendê-lo totalmente. Como você pode entender algo que concluiu que é errado e tem de ser deixado de lado? Você já julgou, você não deu ouvidos! Dê uma chance à sua sexualidade.

Ouvi falar que Mulla Nasruddin foi eleito juiz de paz. O primeiro caso foi levado ao tribunal e ele ouviu uma das partes. Então disse, "Espere, agora escute a minha sentença". O escrivão do tribunal ficou confuso porque o juiz não ouvira a outra parte.

Ele se inclinou para Nasruddin e disse, "O que está fazendo, senhor? Dando a sentença? Não ouviu a outra parte!"

Nasruddin disse, "O que você quer dizer, a outra parte? Você quer me confundir? Agora as coisas estão claras! E se eu ouvir a outra parte, vou ficar confuso. Então, o julgamento será muito difícil".

Mas será um julgamento? Você não ouviu a outra parte. Você ouviu os seus assim chamados santos durante eras a fio – eles são muito dados à fala. Toda a energia do sexo deles se tornou seu argumento contra o sexo – você os ouviu. Nunca deu a você mesmo uma chance para que sua própria sexualidade se manifestasse. Não, isso não está certo, você foi induzido. Por quê? Quem sabe? Pode não ser a coisa a ser deixada de lado. Então...? Quem sabe? Pode ser a coisa certa continuar carregando isso. Permaneça aberto. Não estou dizendo nada além de permanecer aberto. Medite profundamente. Enquanto você está fazendo amor, deixe o estado de meditação penetrar o ato de amor. Observe! E esqueça todos os preconceitos com que foi educado – todos esses condicionamentos contra o sexo o tornam mais sexual, e então você pensa que a sexualidade é um problema para você. A energia do sexo não é o problema. É a mente antissexual que cria a perversão.

Todas as religiões foram fontes de perversão. Quando eu digo todas as religiões, não quero dizer Buda, não quero dizer Mahavir, não quero dizer Krishna, não quero dizer Cristo nem Maomé; quero dizer os seguidores. Eles foram a fonte, uma grande fonte. E o que realmente aconteceu? Eles observaram Buda e viram que o sexo tinha desaparecido, assim, criaram uma máxima quanto ao sexo ter de desaparecer. Você só pode se tornar um Buda quando o sexo desaparece – eles criaram uma máxima, fizeram dela uma regra. E isso é simplesmente organizar as coisas de modo errado. O sexo desapareceu porque Buda foi à sua fonte interior, não o contrário. Não que ele tenha deixado de lado o sexo e por isso tenha se tornado um Buda – ele se tornou um Buda, daí o sexo ter desaparecido; mas, do lado de fora, as pessoas observavam Buda e viam que o sexo havia desaparecido – assim, deixe de lado o sexo se quiser tornar-se um Buda. Ele não estava interessado em dinheiro, e, assim, eles pensavam, "Perca o interesse pelo dinheiro se você quiser tornar-se um Buda".

Mas essas são todas abordagens erradas! Isso não é procurar a causa, mas entender mal o efeito como causa. Esta se acha no interior do budato. Ele foi despertado para o seu ser interior. Quando alguém desperta para o seu ser interior, é tão abençoado, que quem se importa com o sexo? Quem mendiga momentos fugazes de prazer de alguém mais? Quem segue mendigando? Quando você é o imperador e tem o tesouro, o infinito tesouro dentro de você, você não solicita uma mulher, nem um homem, para ter alguns momentos de prazer. E você sabe que ela está mendigando e você está mendigando – ambos são mendigos um diante do outro com a canequinha para as esmolas: "Me dê alguns momentos de prazer, eu lhe darei alguns momentos de prazer." E ambos são mendigos! Como os mendigos podem dar algo?

Mas não estou dizendo que algo está errado nisso. Enquanto o budato não lhe acontecer, todas as coisas continuarão – nada está errado. Por ora, não julgue – o *julgamento* está errado. Torne-se apenas mais vigilante, mais compreensivo, mais relaxado com as suas energias. Caso contrário, você passará pelas dificuldades por que passaram os santos cristãos no correr das eras.

Ouvi falar sobre Jerônimo, o famoso santo cristão. Ele era tão contrário ao corpo, que costumava chicotear-se diariamente. O sangue lhe escorria do corpo, e milhares de pessoas iam ver esse ato de grande austeridade. Ora, ambos eram doentes: Jerônimo era um masoquista e as pessoas que se reuniam para ver esse grande fenômeno eram sádicas. Elas queriam torturar as pessoas, tinham um grande desejo de torturar – não podiam, e aquele homem fazia isso por conta própria; elas ficavam felizes em vê-lo. As pessoas e Jerônimo apresentavam um estado patológico.

Jerônimo condenou o corpo como o "corpo vil", o "saco de excremento". Ele foi atormentado na sua caverna por visões de jovens belas. Aceitava o casamento, mas com muita relutância – porque era o único modo de gerar virgens. A razão é gerar virgens, os seres mais perfeitos sobre a Terra. Assim, o sexo é um mal necessário, eis por que ele aceitava o matrimônio; caso contrário, é um pecado.

Outro homem, Clemente de Alexandria, escreveu: "Toda mulher deveria se encher de vergonha com o fato de ser mulher – porque ela é a porta para o inferno."

Sempre me surpreendi com essas pessoas. Se a mulher é a porta para o inferno, então nenhuma mulher pode entrar no inferno – a porta não pode entrar em si mesma. O homem pode passar pela mulher até o inferno, está certo – e quanto à mulher? Elas devem estar todas no céu, naturalmente! E quanto ao homem? Se a mulher é a porta para o inferno, o que dizer do homem? Essas escrituras foram feitas por homens e todos esses santos eram homens.

Na realidade, as mulheres nunca foram neuróticas dessa forma; eis por que você não ouve falar de muitas santas. Elas foram mais normais, tiveram os pés mais plantados na terra. Não foram tão tolas quanto os homens. Elas são mais graciosas e mais autênticas em seu ser, mais ligadas à terra, mais centradas. Conseqüentemente, você não ouve falar de muitas mulheres como falou Clemente de Alexandria – você não pode achar uma mulher semelhante. Nenhuma mulher disse que o homem é a porta para o inferno.

E não é que as mulheres nunca tenham sido místicas. Não, houve

Enquanto o budato não lhe acontecer, todas as coisas continuarão – nada está errado. Por ora, não julgue – o julgamento está errado. Torne-se apenas mais vigilante, mais compreensivo, mais relaxado com as suas energias.

Meera, e Rabiya, e Lalla de Caxemira – mas elas nunca disseram nada assim. Pelo contrário, Meera disse que o amor é a porta para Deus.

E outro santo, Orígenes, castrou-se – assassinos, suicidas! Toda essa repressão criou grande patologia no mundo cristão. Uma freira, Mathilde de Magdeburg, sentia a mão de Deus afagando-lhe o seio. Ora, por que criar para Deus esse problema? Mas, se você evitar os homens, então começará a criar fantasias. Você terá de investir demais em suas fantasias. Christine Ebner, outra freira, se acreditava grávida de uma criança de Jesus. Houve monges que sonharam com copular com a Virgem Maria. E por causa da grande repressão, os conventos e monastérios se tornaram lugares de visita dos assim chamados espíritos malignos. Esses demônios assumiam a forma de súcubos, jovens belas que saltavam para as camas de pretensos santos, ou íncubos, jovens formosos que interrompiam o sono ou as meditações das freiras. Essa patologia surgiu na Cristandade, de modo que as pessoas começaram a sonhar com todo tipo de coisas. E muitas freiras confessaram nos tribunais que o diabo vinha à noite e fazia amor com elas. Elas até descreviam a fisiologia do diabo, que tipo de órgão sexual ele tinha – bifurcado, de forma que entrava em ambos os buracos.

Patologia, pessoas doentes, neuróticas! E essas freiras confessaram nos tribunais que uma vez que você fez amor com o diabo, nenhum homem pode satisfazê-las – ele é o maior dos amantes, é a causa dos maiores orgasmos. Essa tolice não aconteceu só na Cristandade, aconteceu em todo o mundo. Mas na Cristandade alcançou o ápice.

Por favor, não seja contra o sexo; caso contrário, você cairá cada vez mais na armadilha do sexo. Se você quiser se livrar dele, nunca conseguirá. Sim, há um ponto de transcendência em que o sexo desaparece – mas não quando você está contra ele. Ele só desaparece quando você acha bênçãos superiores aflorando do seu ser, nunca antes disso. O superior deve ser alcançado primeiro, para que o inferior desapareça espontaneamente.

Que essa seja uma regra fundamental em sua vida: nunca seja contra o inferior – busque o superior. Nunca seja contra o inferior, busque o superior, e, no momento em que o superior surgir para você, de repente você verá que o interesse pelo inferior desapareceu.

Você pergunta, "É possível, realmente possível, deixar de lado o sexo tendo passado por ele?"

Não estou dizendo isso. Estou dizendo que se você passar por ele, será capaz de entendê-lo. O entendimento é a liberdade, o entendimento liberta.

Eu não sou contra o sexo, assim, não me apresso a deixá-lo de lado. Se você quer deixá-lo de lado, como pode entendê-lo? E se você não entendê-lo, ele nunca desaparecerá! E quando ele desaparece, não é que seja simplesmente arrancado de seu ser, não é que você se torna um ser assexuado. Quando o sexo desaparece, na realidade você se torna mais sensual do que nunca, porque toda a energia é absorvida pelo seu ser.

Um Buda é mais sensual do que você. Quando ele cheira, ele cheira mais intensamente do que você. Quando ele toca, toca de maneira mais completa do que você. Quando ele olha para as flores, vê as flores mais belas do que você pode ver – porque toda a energia sexual dele espalhou-se por todos os seus sentidos. Ela não está mais localiza-

> Por favor, não seja contra o sexo; caso contrário, você cairá cada vez mais na armadilha do sexo. Se você quiser se livrar dele, nunca conseguirá. Sim, há um ponto de transcendência em que o sexo desaparece – mas não quando você está contra ele. Ele só desaparece quando você acha bênçãos superiores aflorando do seu ser, nunca antes disso.

da nos órgãos genitais, ela percorreu todo o corpo. Por isso é que o Buda é tão belo. A graça – a graça sobrenatural – de onde ela vem? É o sexo – transformado, transfigurado. É o mesmo barro que você deplorava e condenava – ele se tornou uma flor de lótus.

Assim, nunca seja contra o sexo; ele vai tornar-se sua flor de lótus. E quando o sexo é realmente transfigurado, então você entende a dádiva que Deus lhe deu. Ele é toda a sua vida, é toda a sua energia. Nos planos inferiores, nos planos superiores – ele é a única energia que você tem. Assim, não carregue em si nenhum antagonismo, caso contrário, você se tornará repressor. Um homem que reprime não pode entender. E um homem que não pode entender nunca é transfigurado, nunca é transformado.

UMA JORNADA CONTÍNUA

Sua consciência é muito maior do que todo o universo. É infinitamente infinita. Você não pode chegar a um ponto em que diga, "Basta". Há sempre mais e mais. Sempre há uma possibilidade para crescer. E, crescendo, o amadurecimento é uma experiência tão bela, que quem quer interrompê-la?

Somos interrompidos de todas as formas. Até mesmo um grande cientista como Albert Einstein usou apenas 15% da sua inteligência. O que dizer sobre as pessoas comuns? Elas nunca usam mais do que 5%.

É só imaginar: se Einstein fosse capaz de usar 100% da sua inteligência, ele teria dado ao mundo uma riqueza inimaginável.

E se todo mundo estiver usando 100% da sua consciência, quem gostará de ir para o céu e viver com esses santos mortos, obsoletos, masoquistas, cuja única qualificação era a tortura deles mesmos? – o que simplesmente é uma doença psicológica.

Se todo mundo usar 100% da sua inteligência, podemos criar o paraíso aqui. Não há necessidade de ir a nenhum lugar. Podemos dar ao homem uma vida tão longa quanto ele desejar, tão saudável quanto ele quiser. Podemos criar a riqueza a ponto de ela se tornar como o ar – sem que ninguém precise acumulá-la.

Usar a sua inteligência totalmente significa o começo da maturidade.

> Se todo mundo usar 100% da sua inteligência, podemos criar o paraíso aqui. Não há necessidade de ir a nenhum lugar. Podemos dar ao homem uma vida tão longa quanto ele desejar, tão saudável quanto ele quiser. Podemos criar a riqueza a ponto de ela se tornar como o ar – sem que ninguém precise acumulá-la.
>
> Usar a sua inteligência totalmente significa o começo da maturidade.

A consciência é só uma metodologia. Primeiro, torne-se consciente de quanta inteligência você está usando, ou de estar ou não usando-a. A confiança e a fé não são inteligentes. Elas estão tomando uma decisão contra a sua inteligência. A consciência é uma metodologia para observar quanta inteligência você está usando. E só nessa observação é que você verá que não está usando muita inteligência. Há muitos modos de a consciência torná-lo alerta. Você pode usá-la.

A consciência o levará aos seus 100% de inteligência, fará de você um ser quase divino. E a consciência não pára aí. Ela o ajuda a usar a sua inteligência completamente.

A inteligência é a sua estrada contínua, conectando-o ao mundo, aos objetos. A inteligência lhe dará mais ciência, mais tecnologia. Na realidade, não há nenhuma necessidade de o homem trabalhar mais quando pode usar a inteligência. As máquinas podem fazer quase tudo. E você não precisa continuar carregando, a exemplo de Jesus, a cruz nos seus ombros. Isso é estúpido.

As máquinas podem fazer tudo, e você está livre, pela primeira vez, da escravidão; caso contrário, só em palavras você se sente livre. Mas você tem de ganhar o pão, tem de ganhar um pouco de dinheiro para ter um abrigo, uma casa, dinheiro para remédios, dinheiro para outras coisas.

Assim, parece que você é independente, mas não é. A antiga escravidão não está mais aí; agora você não está acorrentado, mas há cadeias invisíveis – seus filhos, seus velhos pais, sua esposa doente, seu trabalho.

O homem ainda não está livre. Ele está trabalhando oito horas por dia e ainda está levando trabalho para casa. Trabalhando tarde da noite em casa, trabalhando aos domingos. No entanto o trabalho continua a aumentar na mesa dele, e parece não ter fim essa situação. Entre em qualquer escritório e você verá essas pessoas, verá as mesas dessas pessoas. Você pode chamá-las de livres? Basta pensar em você mesmo: você realmente é livre?

Só há uma possibilidade, a supertecnologia que pode realizar todo o trabalho e deixar o homem completamente livre para ser criativo. Você pode tocar seu violão, cantar sua canção. Você pode pintar, pode fazer esculturas. Pode fazer milhares de coisas para embelezar esta Terra. Pode cultivar belos jardins e criar lagos.

Há muito para ser feito a fim de embelezar esta Terra. Mesmo que haja um Deus, e ele comece a sentir ciúme achando que foi errado expulsar Adão e Eva do paraíso; essas pessoas estão agindo muito melhor. E não causará surpresa o fato de, se houver um Deus, um dia ele lhe bater à porta e dizer, "Posso entrar?"

A consciência libertará a sua inteligência, o fará amadurecer. E então a maturidade continuará a aumentar.

Comumente, você simplesmente envelhece, não amadurece. Envelhecer é uma coisa, amadurecer é totalmente diferente. Todos os animais envelhecem: nenhum animal, exceto o homem, pode amadurecer. Envelhecer simplesmente significa que você está se aproximando da sua morte, não tanto de uma consumação. Amadurecer significa que você está começando a compreender o imortal, o eterno que não tem nenhum começo e nem fim. Todo o medo desaparece. Toda a paranóia desaparece. Você não é mortal.

Envelhecendo, você é mortal. Amadurecendo, você se torna imortal. Você sabe que estará mudando de muitas moradas. Você estará trocando muitas formas, mas cada uma será melhor do que a anterior, porque você está crescendo, amadurecendo. Você merece formas melhores, corpos melhores. E, finalmente, chega o momento em que você não precisa de nenhum corpo. Você pode permanecer sendo pura consciência dispersa por toda a existência. Não é uma perda, é um ganho.

Uma gota de orvalho escorrendo da folha de lótus para dentro do oceano... Você pode pensar que a pobre gota está perdida, perdeu sua identidade. Mas olhe de um outro ponto de vista: a gota se tornou o oceano. Ela não perdeu nada, tornou-se vasta. Tornou-se oceânica.

A consciência é o método para despertar primeiramente a sua inteligência, e então para despertar o seu ser, para ajudá-lo a se tornar maduro, dar-lhe a compreensão da imortalidade, e, em última análise, torná-lo uno com o todo.

> Há muito para ser feito a fim de embelezar esta Terra. Mesmo que haja um Deus, e ele comece a sentir ciúme achando que foi errado expulsar Adão e Eva do paraíso; essas pessoas estão agindo muito melhor. E não causará surpresa o fato de, se houver um Deus, um dia ele lhe bater à porta e dizer, "Posso entrar?"

O AMADURECIMENTO É UM PROCESSO CONTÍNUO. Não há nenhum ponto final, nem mesmo um ponto e vírgula em qualquer lugar... ele segue sem parar. O universo é infinito. Assim é a possibilidade de seu amadurecimento.

Você pode tornar-se muito grande... Sua consciência não está limitada a seu corpo. Ela pode se espalhar pela existência e todas as estrelas podem estar dentro de você. E não há nenhum lugar em que você ache uma placa que diga, "Aqui termina o universo". Não é possível. Ele nunca começa, ele nunca termina.

E você é parte dele. Sempre esteve aqui e sempre estará aqui. Só as formas mudam, e as formas não importam. O que importa é o conteúdo. Assim, lembre-se de que, particularmente na América, os continentes valem mais do que o conteúdo. Quem se preocupa com o conteúdo? O continente tem de ser belo.

Lembre-se, o continente não é você. Você é o conteúdo. As formas mudam, o seu ser permanece o mesmo. E ele continua crescendo, amadurecendo, tornando-se mais rico.

E você pergunta, "Qual é a relação entre consciência e maturidade?"

A consciência é o método; a maturidade é o resultado. Torne-se cada vez mais consciente e você terá mais maturidade; conseqüentemente, ensino-lhe a consciência e não falo sobre maturidade. Ela vai ocorrer se você estiver atento.

Há três estágios na consciência.

Primeiro, fique atento quanto ao seu corpo – caminhar, cortar madeira ou levar água do poço. Esteja atento, esteja alerta, consciente. Não faça coisas como um zumbi, como um sonâmbulo.

Quando você se der conta do seu corpo e das suas ações, então mergulhe mais fundo – na sua mente e nas atividades dela, nos pensamentos, na imaginação, nas projeções. Quando você tiver se tornado muito consciente da mente, você se surpreenderá.

Quando você atentar para os seus processos corporais, você se surpreenderá também. Posso mover minha mão mecanicamente, posso movê-la com plena consciência. Quando eu a mexo com total consciência, há graça, beleza.

Posso falar sem consciência. Há oradores, comunicadores... Não conheço oratória, nunca aprendi a arte de falar, porque para mim ela parece tolice. Se eu tiver algo a dizer, isso será o bastante. Mas estou falando a vocês com plena consciência, cada palavra, cada pausa... Não sou um orador.

Mas quando você está atento à fala, ela começa a se tornar arte. Assume os tons da poesia e da música. Isso tem de acontecer se você fala com consciência. Então, cada gesto, cada palavra tem uma beleza própria. Há graça.

Quando você se dá conta da mente, você está prestes a ter uma surpresa maior. Quanto mais você se torna consciente, menos pensamentos lhe ocorrem. Se você tiver 100% de pensamentos, não há nenhuma consciência. Se você tiver um por cento de consciência, há apenas 99% de pensamentos, em exata proporção. Quando você tem 99% de consciência, há apenas 1% de pensamentos, porque é a mesma energia.

>
> Lembre-se, o continente não é você. Você é o conteúdo. As formas mudam, o seu ser permanece o mesmo. E ele continua crescendo, amadurecendo, tornando-se mais rico.

À medida que você se torna mais consciente, não há nenhuma energia disponível para os pensamentos; eles desaparecem. Quando você está 100% atento, a mente se torna de todo silenciosa. Esse é o momento de mergulhar mais profundamente.

O terceiro passo: tornar-se consciente dos sentimentos, humores, emoções. Em outras palavras, primeiro o corpo – sua ação; segundo, a mente – sua atividade; terceiro, o coração e suas funções.

Quando você passa ao coração e volta sua consciência para lá, dá-se uma nova surpresa. Tudo o que é bom cresce e tudo o que é mau começa a desaparecer. O amor cresce, o ódio desaparece. A compaixão cresce, a raiva desaparece. A partilha cresce, a ganância desaparece.

Quando a sua consciência do coração está completa, a última e maior surpresa acontece: você não tem de dar nenhum passo. Um salto quântico ocorre espontaneamente. Do coração, você de repente se descobre no seu ser, no seu próprio centro.

Lá, você está atento à atenção, consciente apenas da consciência. Não há nada mais do que estar atento, nem consciente. E essa é a pureza máxima. Isso é o que chamo de iluminação.

> A consciência é o método; a maturidade é o resultado. Torne-se cada vez mais consciente e você terá mais maturidade; conseqüentemente, ensino-lhe a consciência e não falo sobre maturidade. Ela vai ocorrer se você estiver atento.

E esse é o seu direito inato! Se você o perde, só você é responsável. Você não pode atribuir a responsabilidade a ninguém mais.

É algo tão simples e natural, que você só tem de começar.

Só o primeiro passo é difícil. Toda a jornada é simples. Há um ditado que afirma que o primeiro passo é quase toda a jornada.

SOBRE **OSHO**

Osho desafia categorizações. Suas milhares de palestras abrangem desde a busca individual por significado até os problemas sociais e políticos mais urgentes que a sociedade enfrenta hoje. Seus livros não são escritos, mas transcrições de gravações em áudio e vídeo de palestras proferidas de improviso a plateias de várias partes do mundo. Em suas próprias palavras, "Lembrem-se: nada do que eu digo é só para você... Falo também para as gerações futuras".

Osho foi descrito pelo *Sunday Times*, de Londres, como um dos "mil criadores do século XX", e pelo autor americano Tom Robbins como "o homem mais perigoso desde Jesus Cristo". O jornal *Sunday Mid-Day*, da Índia, elegeu Osho – ao lado de Buda, Gandhi e o primeiro-ministro Nehru – como uma das dez pessoas que mudaram o destino da Índia.

Sobre sua própria obra, Osho afirmou que está ajudando a criar as condições para o nascimento de um novo tipo de ser humano. Muitas vezes, ele caracterizou esse novo ser humano como "Zorba, o Buda" – capaz tanto de desfrutar os prazeres da terra, como Zorba, o Grego, como de desfrutar a silenciosa serenidade, como Gautama, o Buda.

Como um fio de ligação percorrendo todos os aspectos das palestras e meditações de Osho, há uma visão que engloba tanto a sabedoria perene de todas as eras passadas quanto o enorme potencial da ciência e da tecnologia de hoje (e de amanhã).

Osho é conhecido pela sua revolucionária contribuição à ciência da transformação interior, com uma abordagem de meditação que leva em conta o ritmo acelerado da vida contemporânea. Suas singulares meditações ativas **OSHO** têm por objetivo, antes de tudo, aliviar as tensões acumuladas no corpo e na mente, o que facilita a experiência da serenidade e do relaxamento, livre de pensamentos, na vida diária.

Dois trabalhos autobiográficos do autor estão disponíveis:

Autobiografia de um Místico Espiritualmente Incorreto, publicado por esta mesma Editora.

Glimpses of a Golden Childhood (Vislumbres de uma Infância Dourada).

OSHO INTERNATIONAL MEDITATION RESORT

Localização

Localizado a cerca de 160 quilômetros a sudeste de Mumbai, na florescente e moderna cidade de Puna, Índia, o **OSHO** International Meditation Resort é um destino de férias diferente. Estende-se por 28 acres de jardins espetaculares numa bela área residencial cercada de árvores.

OSHO Meditações

Uma agenda completa de meditações diárias para todo tipo de pessoa, segundo métodos tanto tradicionais quanto revolucionários, particularmente as Meditações Ativas **OSHO**®. As meditações acontecem no Auditório **OSHO**, sem dúvida o maior espaço de meditação do mundo.

OSHO Multiversity

Sessões individuais, cursos e *workshops* que abrangem desde artes criativas até tratamentos holísticos de saúde, transformação pessoal, relacionamentos e mudança de vida, meditação transformadora do cotidiano e do trabalho, ciências esotéricas e abordagem "Zen" aos esportes e à recreação. O segredo do sucesso da **OSHO** Multiversity reside no fato de que todos os seus programas se combinam com a meditação, amparando o conceito de que nós, como seres humanos, somos muito mais que a soma de nossas partes.

OSHO Basho Spa

O luxuoso Basho Spa oferece, para o lazer, piscina ao ar livre rodeada de árvores e plantas tropicais. Jacuzzi elegante e espaçosa, saunas, academia, quadras de tênis... tudo isso enriquecido por uma paisagem maravilhosa.

Cozinha

Vários restaurantes com deliciosos pratos ocidentais, asiáticos e indianos (vegetarianos) a maioria com itens orgânicos produzidos especialmente para o Resort **OSHO** de Meditação. Pães e bolos são assados na própria padaria do centro.

Vida noturna

Há inúmeros eventos à escolha com a dança no topo da lista! Outras atividades: meditação ao luar, sob as estrelas, shows variados, música ao vivo e meditações para a vida diária. Você pode também frequentar o Plaza Café ou gozar a tranquilidade da noite passeando pelos jardins desse ambiente de contos de fadas.

Lojas

Você pode adquirir seus produtos de primeira necessidade e toalete na Galeria. A **OSHO** Multimedia Gallery vende uma ampla variedade de produtos de mídia **OSHO**. Há também um banco, uma agência de viagens e um Cyber Café no *campus*. Para quem gosta de compras, Puna atende a todos os gostos, desde produtos tradicionais e étnicos da Índia até redes de lojas internacionais.

Acomodações

Você pode se hospedar nos quartos elegantes da **OSHO** Guesthouse ou, para estadias mais longas, no próprio *campus*, escolhendo um dos pacotes do programa **OSHO** Living-in. Há além disso, nas imediações, inúmeros hotéis e *flats*.

>http://www.osho.com/meditationresort
>http://www.osho.com/guesthouse
>http://www.osho.com/livingin

Para maiores informações: **http://www.OSHO.com**

Um *site* abrangente, disponível em vários idiomas, que disponibiliza uma revista, os livros de Osho, palestras em áudio e vídeo, **OSHO** biblioteca *on-line* e informações extensivas sobre o **OSHO** Meditação. Você também encontrará o calendário de programas da **OSHO** Multiversity e informações sobre o **OSHO** International Meditation Resort.

Websites:
>http://**OSHO**.com/AllAbout**OSHO**
>http://**OSHO**.com/Resort
>http://**OSHO**.com/Shop
>http://www.youtube.com/**OSHO**international
>http://www.Twitter.com/**OSHO**
>http://www.facebook.com/pages/**OSHO**.International

Para entrar em contato com a **OSHO International Foundation**:

>http://www.osho.com/oshointernational
>E-mail: oshointernational@oshointernational.com